増補
改訂版

整体師ランナーが教える
体に優しい走り方

がんばらないで楽に長く走る

鮎川 良・著

Enjoy Running!

Gakken

はじめに

私が走り始めたのは48歳、２０１０年のことです。運動嫌い、運動音痴の私が初のフルマラソンで、歩かず止まらず４時間８分で完走できたことは、生涯忘れることはないでしょう。

フルを一度完走したら「どうすればタイムを縮めることができるのか？」と、数字のことばかりに気を取られるようになりました。練習方法を変え、走る距離を伸ばして頑張ったのに、途中で歩いてしまうことが増えてしまい、逆にフィニッシュしてもまったく嬉しさがありませんでした。

健康のために走り始めたのに、常に体のどこかに違和感があり、時には痛みを抱え、それでも走り続けることにどんな意味があるのか、分からなくなりました。これは私だけの話ではなく、多くの人が陥る「沼」です。

今は数字を追いかけることをやめて、楽しく走っています。それはネガティブな考えではなく、健康のために走る意義を再確認したからです。楽しく走ることができると、元気が手に入ります。若々しい体になり、疲れにくい体へ変化します。それが、走ることの本当の目的です。

フルマラソンへの挑戦は、とても有意義な経験です。計画を立て、遂行していく難しさを体感します。完走できた際には、大きな喜びを得ます。ただ、一生継続できる人は限られています。健康第一を再認識する時期が必ずやってきます。その時には修正する勇気を持ってほしいと思います。

がんばりすぎたことにより、故障などで走ることをやめてしまった人がたくさんいます。体のケアを怠った残念な結果です。

今回、走り続けられるための体のケアと故障からの脱出方法を加えて新装しました。健康を害してまで走るのは本末転倒です。体のことが分かる整体師ランナーとして、走る楽しさと同時に、最小限これだけは絶対やってほしいという体ケアを厳選しました。

マラソンを通じて健康を手に入れ、人生を豊かにする糧にしてほしいと切に願います。

すべては健康のために！　レッツ、エンジョイラン！

鮎川　良

序章 楽に、長く走るために

Prologue

1章 準備ストレッチ

chapter 1

2章 走り方5つのルール

3章 日常でできる完走メソッド

chapter 3

contents

いよいよ
フルマラソン!

4章 ビギナーのためのフルマラソン攻略法

chapter 4

走った後は
ケアをしよう

5章 ケアの方法とメカニズム

chapter 5

本書の内容は2024年3月現在の情報です。
本書で紹介している内容は、効果を約束するものではありません。
実践する際は、あくまでも自己責任が原則となることにご留意ください。

contents

Prologue

楽に、長く走るために

本書のテーマは、
ランニングのビギナーが
〝どうすれば、故障をせずに、
楽に、長く、
走ることができるか〟です。

For
Enjoy
Running

走ると痛くなるのはなぜ？

ランニングの途中にふくらはぎがつる、足首が痛くなる、といったことはよくありますが、それは一体どうしてなのでしょうか？　体が痛くなるということは、必ずどこかに原因があるのです。

「痛み」の原因を知り、体への負担を減らす

ランナーが体を痛める原因は、大きく三つほど考えられます。一つ目は、「体のケアができていない」ということ。二つ目は、「ランニングフォームを間違えている」ということ。三つ目は、「誤った練習をしている」ということです。

体のケアができていない人については、正しいケアの方法を知らない可能性が高いです。本書では、体のしくみを知る整体師だからこそ伝えられる正しいストレッチ＆ケア方法

を1章（P21～）、5章（P109～）で紹介していますので、ぜひ試してみましょう。

　フォームや練習方法を間違えているというのは、年齢や体力を考慮せずに、自分に合っていない既存のランニングメソッドをそのまま実践している状態を指します。その場合、過剰に練習をする、ケガや故障をする、といった結果を招いてしまうのです。心当たりがある人は、2章（P55～）と3章（P75～）の体に負担をかけない走り方を参考にしてみてください。

　また、走るという行為自体が、体に負担をかけていますから、やり方を間違えれば、当然、必要以上の負荷がかかります。健康のために走っているのに、逆に自分で体を痛めつけないように心がけて、ランニングを楽しみましょう。

〝健康のため〟に体を痛めずに走ろう!

「適度な運動を心がけましょう」。テレビの健康番組などでよく聞きますが、適度とはどの程度でしょう? 健康のために行っていることが、逆の結果を招いてはいけません。

オーバーワークになっている

ランナーの中には、一生懸命になるあまり、
自分を追い込んでしまうタイプが多いです。

AM2:00
毎日走らないと!
大会で4時間を切らないと!
ペースを上げていかないと!

〝スポーツ〟ではなく〝健康〟が最大の目的

マラソンをしている人たちと接していて、気づいたことがあります。それは、ほとんどのランナーが一生懸命に走ってしまい、「適度」な運動量を超えてしまっているという現実です。

なぜでしょうか? 理由は、本格的に速く走るための方法を実践してしまうからです。それらは、健康のためではなくスポーツをするためのノウハウです。〝これがサブフォー(フルマラソンを4時間以内で完走

オーバーワークに気づかず不健康になっている

うまくケアをしていないと、オーバーワークが
体調不良を引き起こす結果につながります。

AM10:00
体がだるいな……
睡眠が足りていない気がする……
足がとても痛い……
仕事をやる気になれないな……
ズキズキ

すること）への道！〟とか、〝サブスリー（同・3時間以内で完走）はこうすれば達成できる！〟といった魅力的な言葉に誘われてしまい、紹介されているトレーニング方法や行動計画などを実際にやってみようと挑戦するケースが多いのです。

もちろん、やる気がある人は高みを目指してトレーニングを積めば良いでしょう。しかし、オーバーワークで体のケアが追いつかず、痛みや疲労を残しながらも、懸命に走るランナーがたくさんいるのです。

本書で紹介していくすべてのメソッドには、〝健康のために走る〟という大きな目的があります。体のケアをしっかりと行いながら、体を痛めずに、楽に、長く、ランニングを続けていきましょう。

目指せ！楽に、長く走る「エンジョイラン」

私たちは筋肉を無尽蔵に動かすことはできません。それは、疲労がたまるからですが、では、「疲労をなるべくためずに走る方法はないのか?」。そのために「エンジョイラン」があります。

整体師だからこそわかる最も疲れない方法

走り続けると、体はどこかで必ず疲労を感じはじめます。理由は、筋肉を使うと疲労物質が発生するからです。筋肉内で発生した疲労物質がたまってしまうため、筋肉に限界がくるのです。では、疲労物質の発生を少なくするにはどうすれば良いのでしょうか? それは、筋肉をできるだけ使わないことです。これが私の提案する「エンジョイラン」の基本的な考えで、整体師だからこそ伝えられる、体とうまくつき合う走法

\\脱力系のランニング・メソッド!//

「エンジョイラン」の目的

このランニング方法の特徴は、一にも二にも「楽をすること」です。なぜならば、エンジョイランの最大の目的は健康やダイエットのためだからです。フルマラソン完走を目指すビギナーも、タイムにとらわれることなく、止まらず、歩かず完走することを目指しましょう!

1 健康やダイエットを目的に走る
2 楽に、長く、楽しく走る
3 なるべく筋肉痛にならないように走る
4 疲労をためずに走る
5 ケガ、故障をせずに走る
6 フルマラソンを止まらず、歩かず、完走する

↓

目標 筋肉疲労・体への負荷を最小限に抑えたランニング習慣

「エンジョイラン」の流れ

ランニング前のストレッチ ◀ P21～53

↓

疲労・痛みゼロ! エンジョイラン走法 ◀ P55～73 / P75～91

↓

ランニング直後 / 運動1時間後 のケアの方法 ◀ P109～129

＋

6分30秒／㎞ペースで
4.5～5時間の完走を目指す!
ビギナーのためのフルマラソン攻略法 ◀ P93～107

です。目的は健康やダイエットです。オリンピックを目指すわけではないのですから、体を酷使せず、最も疲れないランニングを目指しましょう。

固定観念を捨てて、「エンジョイラン」を実践

私自身、かつては運動が苦手で、学校の運動会ではいつもビリでした。「エンジョイラン」は、そんな私が生み出した走法ですから、運動が苦手な人の方が習得するのは早いと思います。

楽に、長く走るためには考え方を変えること

私はビギナーに、〝走る〟という固定観念がランニングの邪魔をしています、とよく話します。誰もが子どもの頃から、走る時には「地面を蹴る」「腕を大きく振る」などと教わってきますが、疲労をためず、故障もしないでその走り方を実践できるのは若いうちだけです。長年の間にしみ込んだ〝走る〟という固定観念を捨てることは難しいかもしれません。しかし、疲労をためないランニングを目指すためにも、

走ることって楽しい！を見つけてみよう

走ることにどのような楽しさを求めるかは人それぞれです。一方、楽しみがなければモチベーションも維持しにくくなります。楽しみ方を見つけられない人は、例えば以下の図のように、「走りに関連したテーマ」をプロットし、その日の気分によって組み合わせてみましょう。二つでも三つでも、すべてでもかまいません。あなた好みのエンジョイランが見つかるはずです。

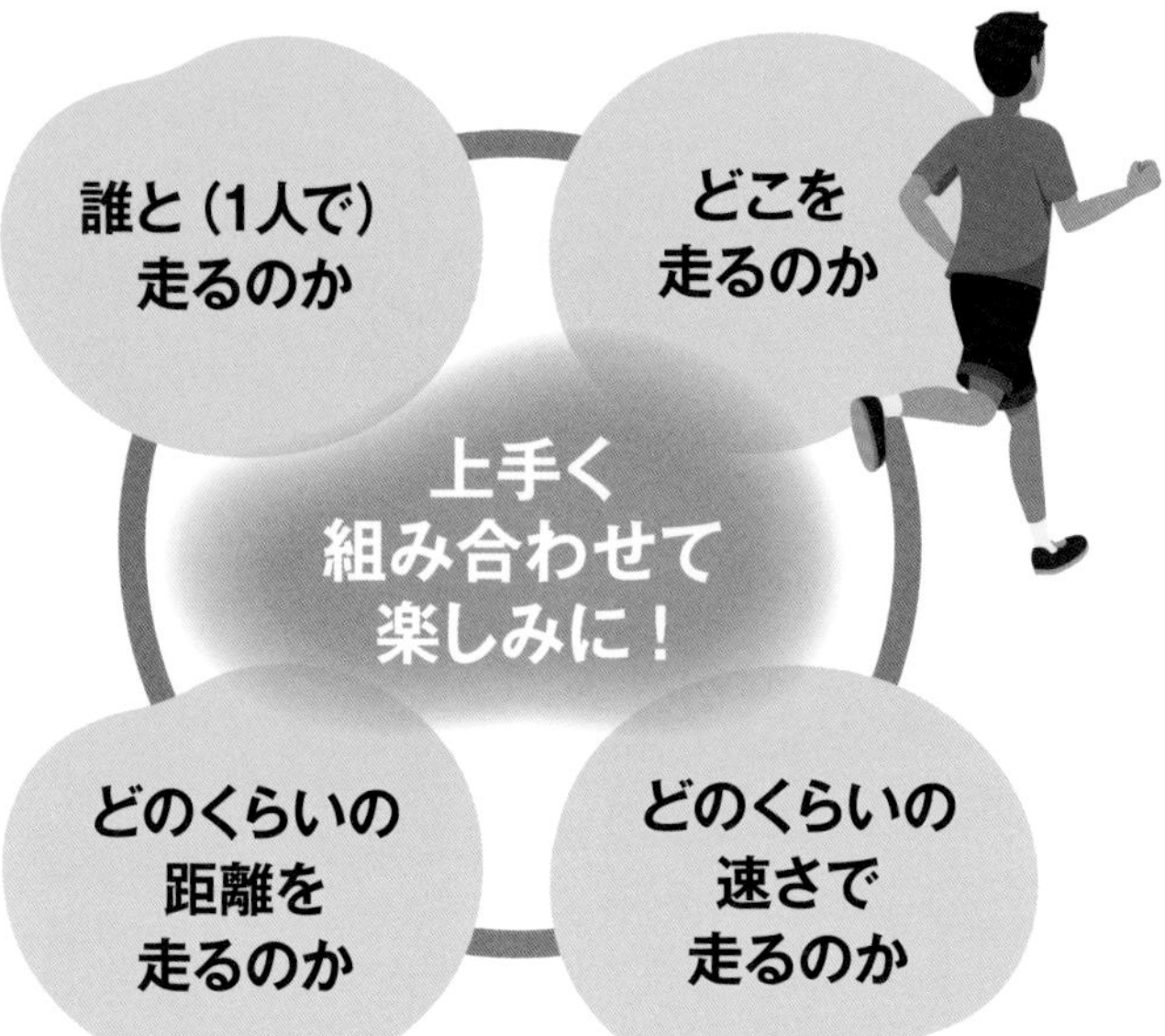
誰と（1人で）走るのか
どこを走るのか
上手く組み合わせて楽しみに！
どのくらいの距離を走るのか
どのくらいの速さで走るのか

必ずしもマラソン大会に出る必要なし?!

ランニングを始めたからといって、必ずしもフルマラソンやハーフマラソンなど大会に出場しなければいけない、とうことはありません。こうした固定観念を取り除くと、よりランニングが楽しめるはずです。少しここで私の実体験について紹介してみます。

観光しながら
ゆるゆる
ランニング
1530
タイムに
こだわり
フルマラソン
完走
価値観は
人それぞれ

実体験

私はこれまで奈良マラソン（フルマラソン）に挑戦し続けました。しかし 10 回目を完走したいま、ここに宣言したいと思います。「フルマラソン大会への参加をやめます!」。その理由は、私に合わないからです。最初は思い出作りのために挑戦していましたが、いつしかランニング本の監修をしたことから「ランニングの先生」と呼ばれるようになり、フルマラソンへの挑戦を辞めるに辞められなかったのです。タイムを気にして苦しい思いでフルマラソンを走り切るより、私にとっては奈良の名所を巡るランニングの方がよっぽど楽しいのです。ランニング本を監修しているのにフルマラソンは走らない。これが今の私のエンジョイランです。

「前傾姿勢になって体重移動で進む」（Ｐ60）や「蹴り上げずに小股で進む」（Ｐ64）などのエンジョイラン走法を試してみてください。ランニング前後に行うストレッチについても同じことがいえます。「ストレッチは形やポーズではありません」。私が開催するストレッチ&ランニングのクリニックで毎回必ず伝える言葉です。受講者は健康志向の高い人たちですが、彼らでさえも〝太もものストレッチはこの姿勢になれば良い〟といった固定観念をもっていて、「形やポーズではない」の言葉に最初は戸惑います。詳細は1章（Ｐ21～）に譲りますが、ストレッチやケアは形だけ良くても、高い効果は得られません。楽に長く走る「エンジョイラン」を実践するために、まずは固定観念を捨てましょう。本書ではその方法を紹介しています。

自分にとって〝走る〟とは何か 心の内と向き合ってみる

走ることが楽しくない、またはよく故障をしてしまうという人の多くが、がんばりすぎてしまう人です。自分が走る理由「軸」をしっかり持って、楽しいランニングライフを送りましょう。

目的を忘れがんばりすぎていませんか?

マラソン大会に出てタイムを重視しはじめると、体や気持ちを追い込みます。それも多少は必要ですが、痛みやストレスを抱えたままでは逆効果です。がんばりすぎていないか、自分の心としっかり向き合いましょう。

もっと速く

痛みを抱えるストレス

雨の日も走る?

走る理由を忘れると ストレスや故障の原因に

なぜ走るのか。ランナーさんであれば、おそらく一度は考えたことのあるテーマです。健康のため。楽しいから。その理由は人それぞれでしょうし、どんな理由でも問題はないはずです。

しかし、このテーマには、真剣に向き合っておくべきだと私は思っています。なぜなら、その理由こそが、その後のランナー人生における重要な軸になっていくからです。

この軸がしっかりしていないと、走ることに義務感を感じストレスをた

なぜ走るのか 内省してみよう

フルマラソンを目指す人は、タイムを気にしがちです。それも立派なことですが、走る目的を見失わないように、自問してください。走ることで健康を害することもあるのです。内省するヒントをまとめてみました。修正する勇気を持ちましょう。

体に痛みがある	ランニングすると体のどこかしらに痛みが出ます。体からの信号をしっかり受け止めて、まず体のケアをしましょう。故障する前に足を止めて、休む勇気も必要です。オーバーワークに早く気づいて対処しましょう。
慢性的な疲労感がある	長時間・長距離が走れるようになると、疲労がどんどんたまります。放置すると故障に繋がります。数字を追いかけすぎると、疲労が麻痺することもあります。しっかりと疲労回復しながら、楽しく走れるよう心がけましょう。
睡眠不足・栄養不足	トレーニングを詰めすぎて、睡眠不足になる人も多いです。慢性化すると健康を害することもあります。ランナーは風邪を引きやすいなんて、おかしな話です。栄養もしっかり摂って、体調管理を優先して行いましょう。
仕事に影響がある	大会への追い込みや練習方法によって、仕事や家庭・育児に影響が出ることもあります。完走目標があるのも大事ですが、オリンピックを目指すわけではありません。ご自身の日常生活を大事にしましょう。
ストレスが溜まる	レベルの高い練習をすると、体への負担が大きくなります。他人と比較したり、他人に引っ張られるとストレスもたまります。モチベーションを保つことも大切ですが、マイペースを維持しましょう。時には断る勇気も必要です。

めたり、不必要にストイックになり、故障に繋がることも。とくに、何度も故障してしまう人や、故障からの脱出に失敗してしまいがちな人は、軸を見失っている場合が多いような気がしています。

たとえば、本来は健康のために走り出したのに、痛みが出てもがんばって走り続け、結果的に故障してしまう。故障から脱出する際も、「普通」や「平均」「世間」という言葉に惑わされ、痛みも引かないうちからがんばってしまい、再発、もしくは慢性化してしまう。これは明らかに、「健康のため」という本来の目的を忘れてしまっている行為です。

がんばりすぎているランナーの皆さんには、一旦その足を止め、「なぜ走るのか」について改めて考えてみてほしいと思います。ちなみに、私にとって走ることとは、企画を考えたり、生きることを実感する場所です。

「体の不調」をチェックしよう！

ランニングをすれば、体のどこかに不調を抱えるものです。筋肉痛や疲労の蓄積など、当たり前に起こると思うようなことでも、一つずつ、原因を確認していくことが大切です。

不調の原因を知れば解決の糸口も見えてくる

「足の甲　痛い」
「ヒザ　痛み　解消」
「太もも　マッサージ」

私のホームページにアクセスする人の検索ワードを並べると、いかに多くのランナーが痛みと闘っているのかわかります。健康のために走っているのに健康にならない、そんな事態を避けるためにも、体の状態を確認しましょう。なぜ痛いのか、どうすれば良いのか――原因と解決策を知れば、改善できるはずです。

ランナーの代表的な不調

ランナーはたくさんの不調を抱えています。1～10に当てはまる場合は、詳細ページを読んで参考にしてみてください。

1 **体が硬い**という悩み（P24、P114）

2 途中で**脇腹が痛くなる**（P70）

3 走り始めに**ヒザが痛む**（P76、P116）

4 **太ももが痙攣《けいれん》**してしまう（P30、P32）

5 **お尻に鈍痛**が残る（P46、P126）

6 練習が**長続きしない**（P78、P90）

7 **マメ**ができやすい（P80）

8 頻繁に**ふくらはぎがつる**（P108、P120）

9 **疲労が取れなく**て困る（P110）

10 足が**O脚**に歪んでいる（P48）

自分の体を☑チェックしよう!

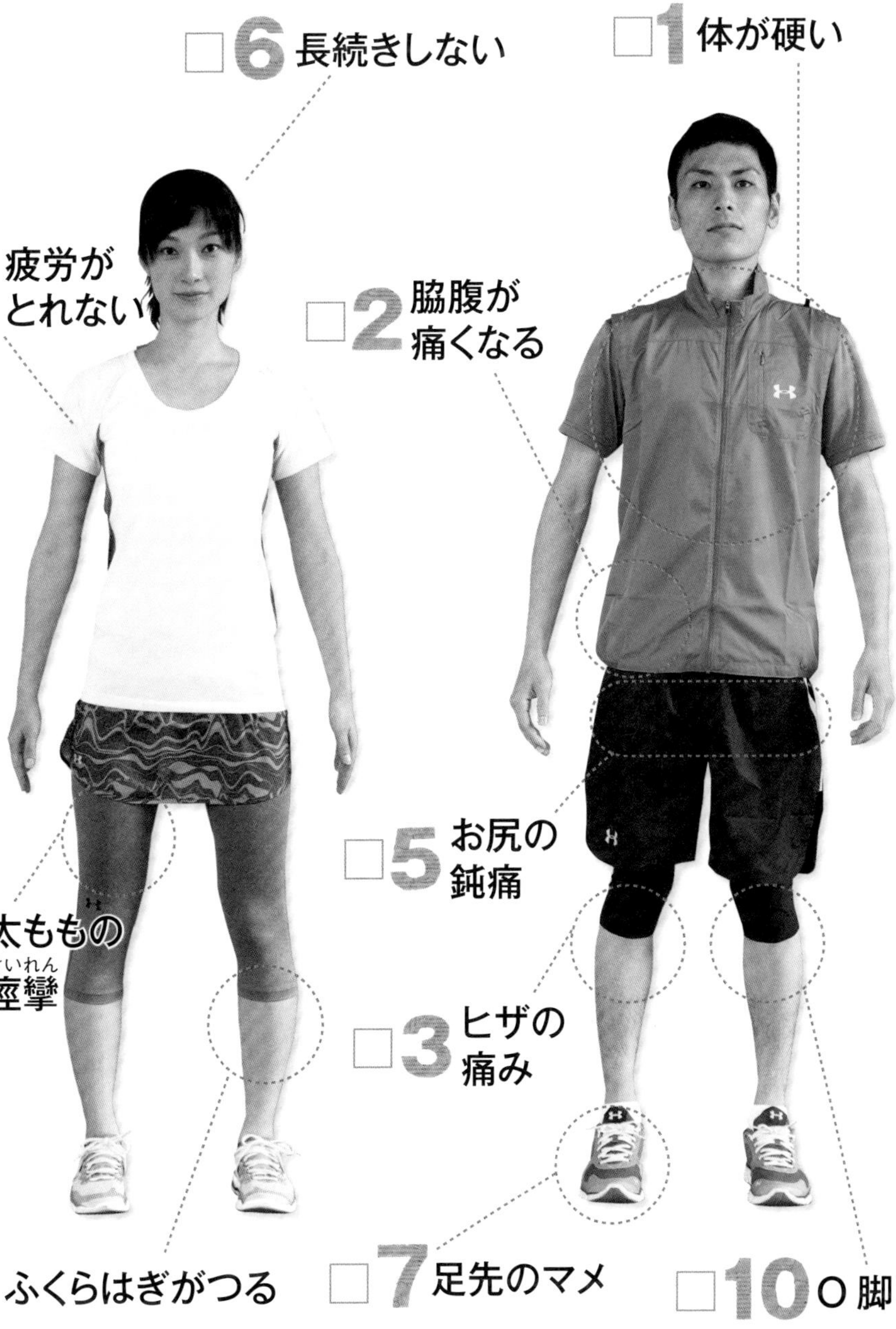
□1 体が硬い
□2 脇腹が痛くなる
□3 ヒザの痛み
□4 太ももの痙攣《けいれん》
□5 お尻の鈍痛
□6 長続きしない
□7 足先のマメ
□8 ふくらはぎがつる
□9 疲労がとれない
□10 O脚

Column 1

\\“ありがちミス”は早めに防ごう!//

ビギナー相談室

よくあるランナーからの質問

Q.

ランニングを始めれば、
健康になれますか?

A.

取り組み方次第で、
健康にも不健康にもなります。

健康のために始めたランニングでも、ストレッチや体のケアを怠ると、筋肉痛や疲労をためこみます。それが日常生活や仕事に支障をきたすことも多くあり、トレーニングのために睡眠時間を削る人もいます。それでは、健康にはなれません。また体が慣れてくると、速さを追求したくなります。そのため、自分の体力・筋力以上の練習をしてしまい(オーバーワーク)、故障につながることもあります。ご自身の体力に合わせた内容と、体のケアを怠らないことを心がけてください。

Chapter 1

準備ストレッチ

ランナーにとって、
走る前の大事な準備があります。
それが、ランニング前のストレッチ。
整備不良のままの体で走れば、
ケガや故障につながりやすくなります。
ストレッチの習慣化こそが、
ランナーにもっとも必要なことなのです。

Warm-up stretch

Warm-up stretch

ストレッチをするのは何のため!?

ランニングに限らず、運動前後のストレッチは必要不可欠です。しかし、「なぜやるのか」を意識することは少ないでしょう。目的意識をもてば効果にも差が出てきます。

血流が良くなれば、老廃物はたまりにくくなる

そもそも、ストレッチとは何でしょうか? 簡単にいえば「筋肉を伸ばすこと」です。筋肉は常に縮もう縮もうとしていますから、これを逆に伸ばすのがストレッチです。ストレッチをすると、筋肉の血流が良くなり、筋肉内の酸素の供給量が増え、老廃物（疲労物質）を押し流し、筋肉が疲れにくくなります。ストレッチは〝準備運動〟ではないのです。「エンジョイラン」では、ランニングなどの運動前後にストレッ

必ず押さえたい8つの流れ!

ストレッチの基本動作

初心者も上級者も、ストレッチが重要なのは同じです。

まずはリラックスした状態で1分ほど深呼吸を。準備が整ったら、基本的な動きを覚えていきましょう。

1 どの筋肉を伸ばすのか、イメージする
2 鼻から息を吸う
3 ゆっくりした動作で、筋肉を伸ばしていく
4 伸ばす時は、口からゆっくりと息を吐く
5 イメージした筋肉が伸びていくのを確認する
6 筋肉が伸びたら、その姿勢で20秒ほど静止
7 静止中も息を止めず、ゆっくりと呼吸を続ける
8 伸ばす時と同じゆっくりした動作で戻す

Point ここで説明した動作は、すべてのストレッチの基礎となります。慣れてきた人や我流で行う人ほど、特に大事な次の3ポイントを怠りがちなので、注意しましょう。

- 絶対に呼吸を止めないこと
- ゆっくり動かすこと
- 痛くなる手前で、気持ち良さを感じること

呼吸が止まってしまう人がとても多いので、ストレッチの際には呼吸することを忘れないようにしましょう。

ストレッチを行うタイミング

ランニング前と直後に**15～30分**程度

走った1時間後に**15～30分**程度

日常生活でもストレッチを**習慣化**する

チを行うだけではなく、日常生活にもストレッチを取り入れます。毎日行う習慣がつけば、筋肉がさらに疲労をためにくくなります。呼吸を忘れず、まずはゆっくりと、疲れた筋肉を伸ばしてみてください。

ストレッチ
基本編

「どれくらい？」は人によって違う

運動の前後に必ず行いますが、基本的にストレッチに決まった回数や時間はありません。まとまった時間を取れない人は、いつでも良いので、1回30秒に小分けしてバラバラに行いましょう。

体のやわらかい人

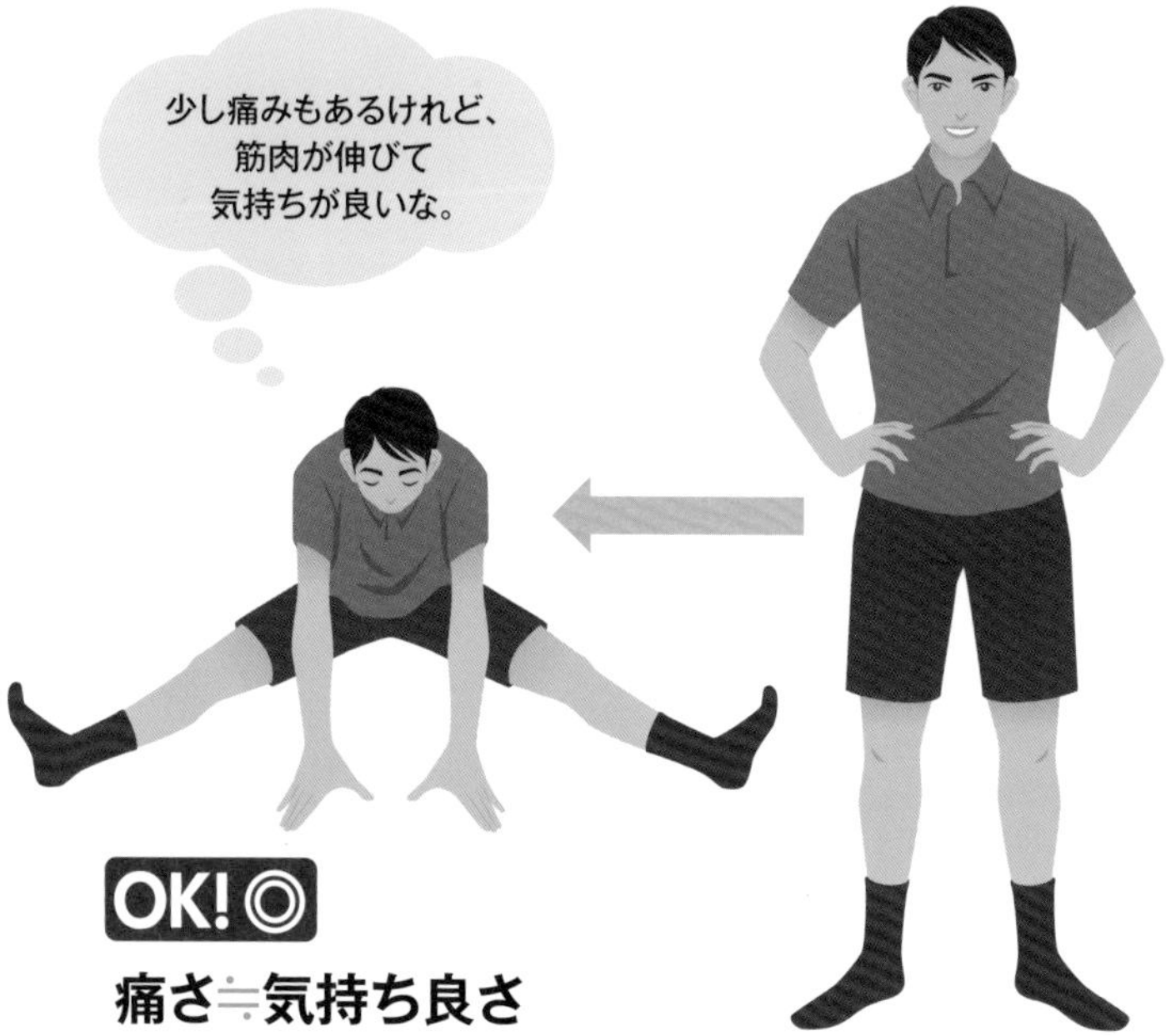
少し痛みもあるけれど、
筋肉が伸びて
気持ちが良いな。

OK!◎

痛さ≒気持ち良さ
(⇒イタ気持ち良い状態)

無理せず、気づいたときに軽く動かすクセをつける

「どのストレッチを、いつ、何回するのが良いのですか？」

よくこのような質問をされます。

答えは簡単で、ストレッチはランニングの前後に限らず、一日中、いつ行っても良いのです。例えば、パソコンを触っていて、一定時間同じ姿勢になっている人は多いでしょう。そんな人は30分に一度は体を動かしましょう。きっちり30分ごとに動かすのではなく、「疲れてきたな」と気づいた時に、軽くストレッチをす

体の硬い人

人と比べるとあまり曲がって
いないけど、気持ち良いから
ここまで伸ばせば十分だ。
OK!◎
痛さ≒気持ち良さ
（⇒イタ気持ち良い状態）
かなり痛みは感じるけど、
ほかの人はこれ以上伸ばせるん
だし、もう少し頑張ってみよう。
NO!✕
痛さ＞気持ち良さ
（⇒筋肉を痛める）

る習慣をつけるのです。時間やタイミングは、人によって違ってかまいません。また、筋肉を伸ばす程度も人によって違っていて良いので、痛みと気持ち良さが同じになる〝イタ気持ち良い〟ところで静止することが大事です（図上）。

ストレッチ１回の時間目安

1回→30秒

①10秒で筋肉を伸ばしていく（4秒で息を吸って、6秒で吐く）*

②「痛さ≒気持ち良さ」の姿勢で20秒静止する

＊「4・6で呼吸する」は P28 参照

ストレッチ **基本**編

筋肉のどこが伸びているかを意識する

どの筋肉が伸びているかを意識できているかどうかで、ストレッチ効果は激変します。さらに、〝筋肉との会話〟ができるようになると、疲労をためにくくなります。

筋肉の伸びを意識できている人

ストレッチ中は、筋肉の「どこ」が伸びているかを常に意識しましょう。“筋肉と会話”ができるようになれば、高い効果が期待できるのです。

「ふくらはぎが一番伸びているかな」

つま先を立てている
ふくらはぎが最も伸びている

ストレッチには〝筋肉との会話〟が必要不可欠

毎日ストレッチしているのに不調が取れない、そんな人に足りないのはおそらく想像力です。想像力というのは、「筋肉のどこが伸びているかを意識する」ことです。一見同じような姿勢に見えるストレッチでも、体の角度や場所をほんの少し変えるだけで筋肉の伸び方が変わります（図上）。これに気づくことができると、ストレッチの効果がとても大きくなるのです。また、日常的に意識をあらゆる筋肉に向け、不調が

「あっ！　伸びる筋肉がふくらはぎから、太ももの後ろに変わった！」

Point

ちょっとした違いで伸びる筋肉が変わることを意識する。

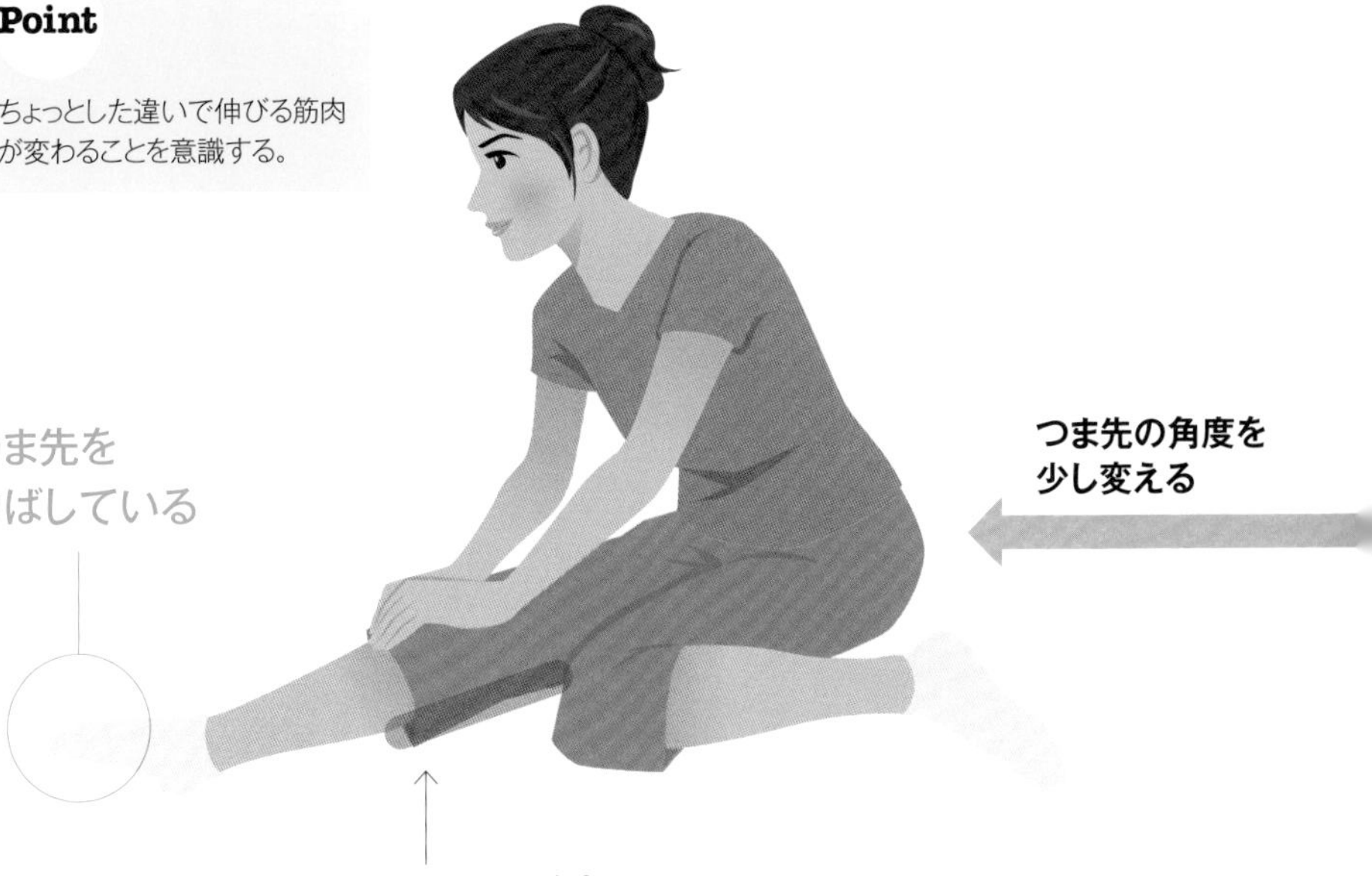
つま先を
伸ばしている
つま先の角度を
少し変える
ヒザ裏に近い太もも後ろ側が最も伸びている

ないか確認することを、私は〝筋肉と会話する〟と呼んでいます。筋肉の不調を少しでも早く感じ取り、早めの対処（ストレッチ）をすることで、疲労予防が可能になります。

日常で「フルタイム」ストレッチ

筋肉との会話ができれば、日常のあらゆる状況でストレッチができます。例えば、つり革を使って電車に乗りながら、パソコンに向かいながら、食事をしながら……。「ながら」で常に筋肉を伸ばしましょう。

Point

- 痛くなる手前で伸ばすのを止める
- 伸びている部分を常に意識する
- 1回30秒程度を目安に行う

腕や肩甲骨が
伸びている

ストレッチ基本編

「4・6」で呼吸する

呼吸をするという動作は、当たり前すぎて、意外と重要性を見落としがちです。筋肉を伸ばす時、同時にゆっくりと呼吸をすることがどうして必要なのか、しくみを知っておきましょう。

エンジョイラン式　呼吸法のイメージ

※実際にストレッチをしながら呼吸をします。日常生活の中で練習してみましょう。

4秒かけて鼻から吸う
鼻から空気を吸い込む

「吐く」行為は、**副交感神経**を働かせます。これは**自律神経がオフ**になっているといえます。筋肉は無意識に緊張することがあり、意志とは無関係に力が入ることがあります。そのような筋肉をゆるめるためには、「吸う→吐く」という**自律神経の「オン→オフ」**を繰り返す呼吸法が最適なのです。

「空気を吸う」という行為は、**交感神経**を働かせます。この状態は**自律神経がオン**になっているといえます。

リラックスするために意識的に呼吸を行う

呼吸をすることは、ストレッチ中の動作として非常に大切です。「息を吸う」と交感神経が働き自律神経がオンに、「息を吐く」と副交感神経が働き自律神経がオフになります。このオン、オフを繰り返すことで、筋肉の緊張状態をなくし、ストレッチに適した状態をつくり出します。ストレッチ中に呼吸が止まっている人は意外と多いので、意識的に呼吸をしてください。

また、エンジョイランでは、鼻か

6秒かけて口から吐く

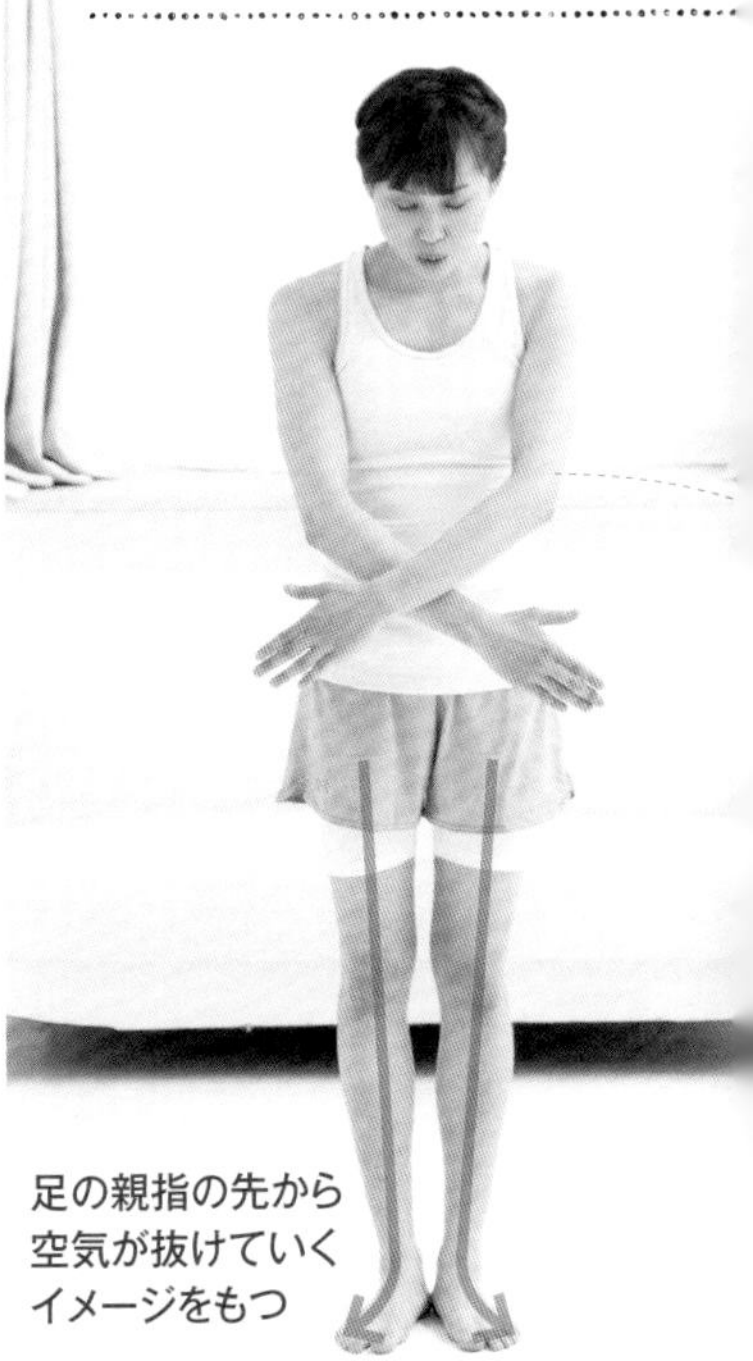
足の親指の先から
空気が抜けていく
イメージをもつ

ら4秒吸って、口から6秒で吐く呼吸法を勧めています（図上）。「吐く」時間を長くして、副交感神経を長く働かせ、リラックス状態を長くつくることができます。さらに、1呼吸10秒なので、時計を見ながらストレッチする時などに便利です。

ストレッチ教室でのランナーの声

実践者の感じた変化

私が開催していたストレッチ教室では、講習の前後に、違和感を覚える部分をチェックしてもらい、その効果を受講者自身に確認してもらっています。ここでは、「4・6」の呼吸法を取り入れてストレッチを実践した受講者の変化を紹介します。

Before ストレッチ前：違和感を覚える部分のチェックシート

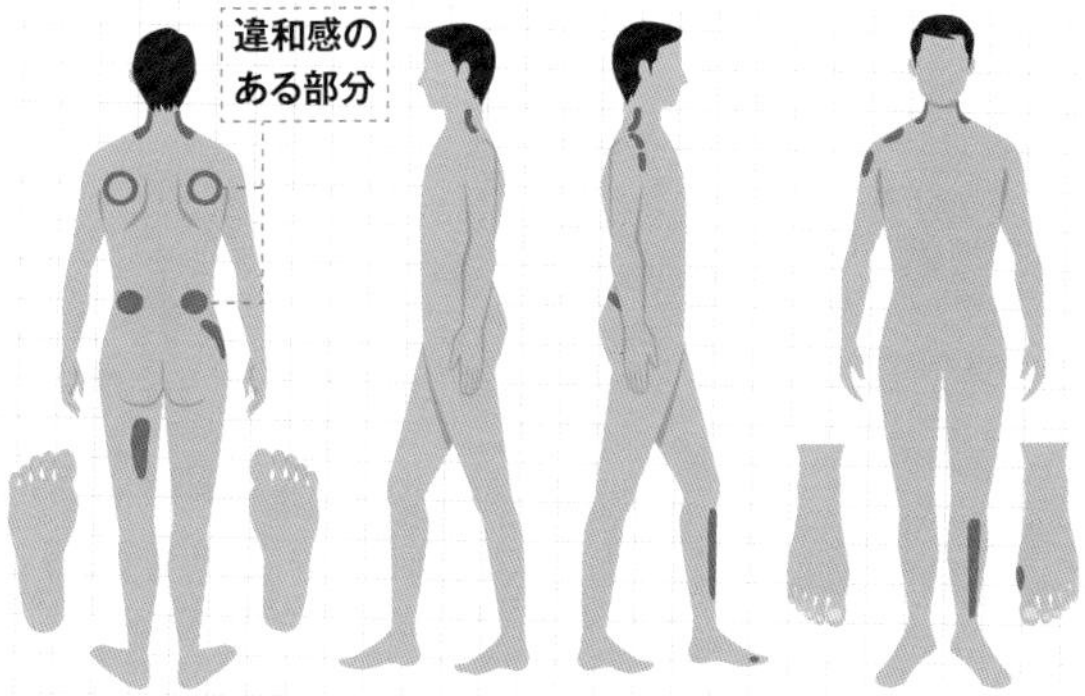
違和感の
ある部分

「4・6の呼吸法」を実践！

After ストレッチ後：呼吸法を取り入れた後のチェックシート

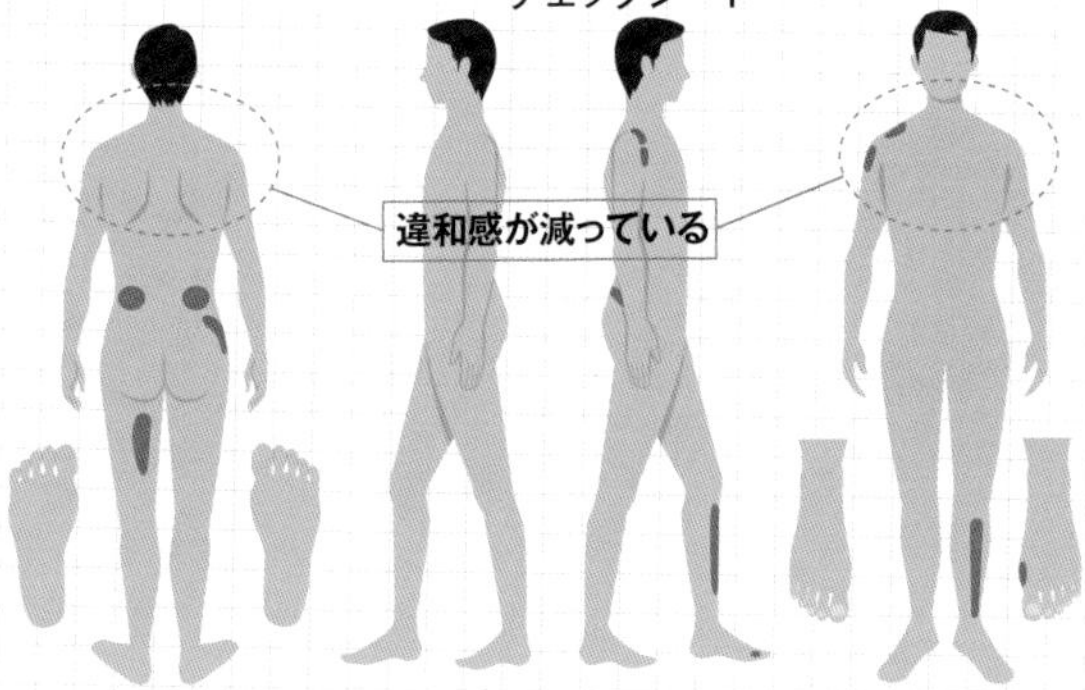
違和感が減っている

Point 受講者がチェックシートに印をつけたように、「4・6」の呼吸法を取り入れたストレッチを実践して、自分の体で効果を確認してみましょう。

疲労がたまりやすい筋肉から始めよう

「エンジョイラン」では、どの筋肉を、いつどれだけストレッチしても良いのですが、決まった順番が一つだけあります。それは、疲労をためやすい筋肉から、ほぐしていってあげることです。

OK!◎ 疲労がたまりやすい筋肉からストレッチを始めると……

⇒スムーズに筋肉を伸ばせる

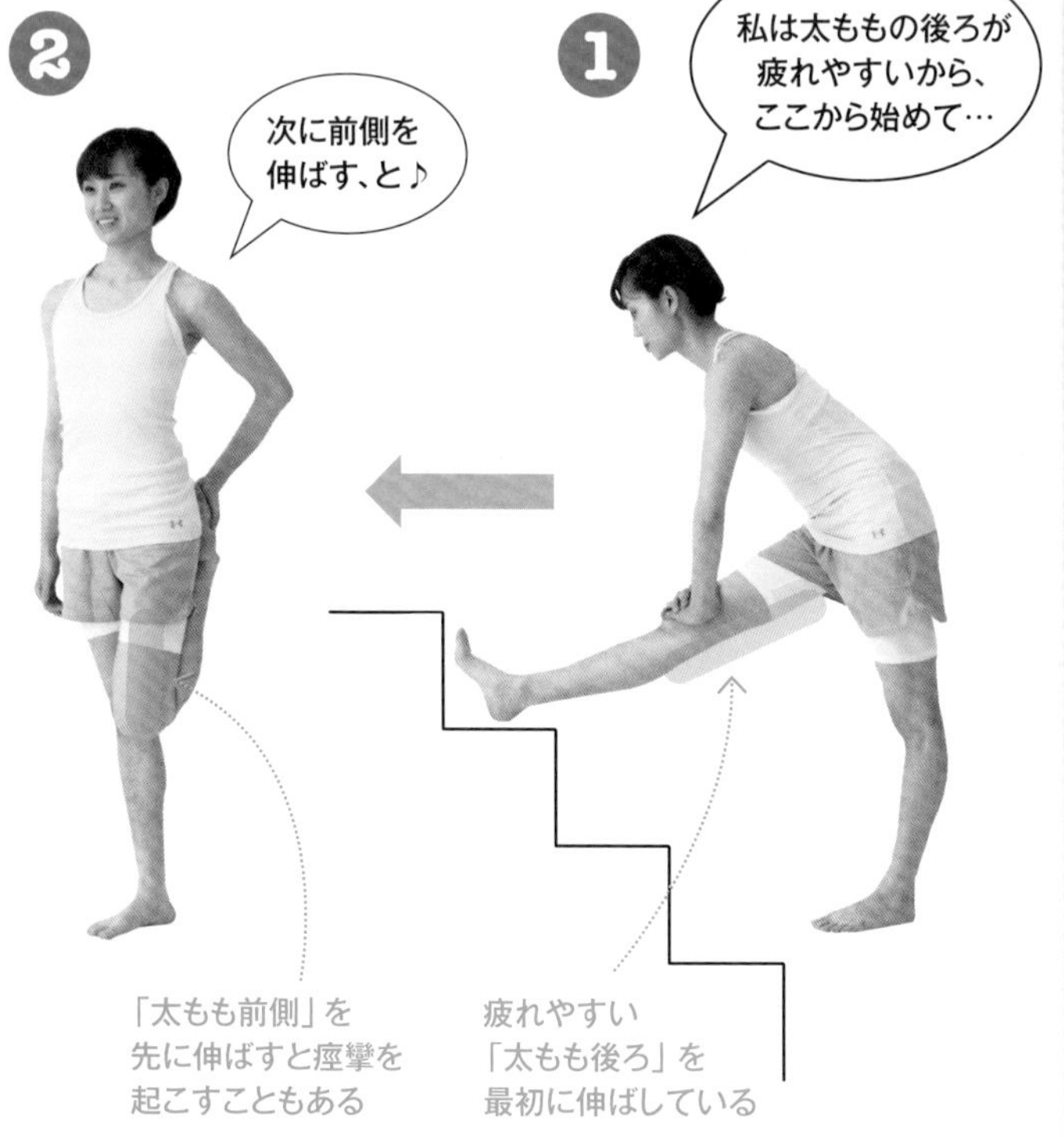
1
私は太ももの後ろが
疲れやすいから、
ここから始めて…
2
次に前側を
伸ばす、と♪
疲れやすい
「太もも後ろ」を
最初に伸ばしている
「太もも前側」を
先に伸ばすと痙攣を
起こすこともある

特に重要な筋肉は、ふくらはぎ・太もも後ろ

整体院やマッサージでは、体の背面の施術を受ける時間が長いと思います。それは、体の背面には不調の原因が集まっていることが多いからですが、同様に、日常的なランニングで疲労をためやすい部分も、下半身の後ろ側に集中しています。

エンジョイランでは、ストレッチの順番は「疲労がたまりやすい後ろ側の筋肉」から始めています。理由は、静脈の老廃物を（動脈よりも）先に押し流すためですが、それに加

＼これだけは外せない！／

早めに行いたいストレッチ3

ランナーが特に疲労をためやすい筋肉は、ふくらはぎ、太もも後ろ、腰・背中です。ストレッチを始める際にこの三カ所が張っていれば、そこから伸ばしてあげましょう。疲労がたまっている筋肉には個人差があるので、自分の体の状態をいつも確認してください。

ふくらはぎの
ストレッチ→ P38

太もも後ろの
ストレッチ→ P32

腰・背中の
ストレッチ→ P44

えて、その順番でないと痙攣《けいれん》を起こすこともあるからです。まずは、「ふくらはぎ」と「太もも後ろ」から始めましょう。そのほか、「腰・背中」なども早めにストレッチをして伸ばしたい部分です。

　基本的には一つのストレッチにつき30秒（P25）で行いますが、違和感が取れない時は少し長めの時間をかけて伸ばしてみましょう。意識を集中すれば、〝筋肉との会話〟（P26）が徐々にできるようになっていきます。

　また、ランニング前のストレッチ中に違和感を見つけた時は、完全に改善させなくても大丈夫です。走り出すことで筋肉の状態が変わりますから、あまり神経質になりすぎず、ランニング後にもう一度確認しましょう。

ストレッチ
応用編

重要度
★★★

太もも 後ろ

ランニング前
片側1回30秒

意識する筋肉など

ハムストリングス
（大腿二頭筋、
半膜様筋、
半腱様筋）
など

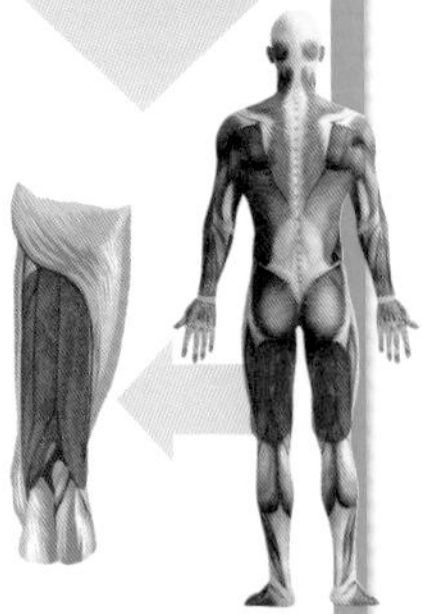

ランナーの重要課題 “ハム”の疲労を解消する

ランナーが疲れやしこりなどの違和感を覚える場所は、太ももの裏側の筋肉、いわゆるハムストリングス（大腿二頭筋《だいたいにとうきん》など）が圧倒的に多いようです。運動を行う前は、ハムストリングスのストレッチが一番重要であり、必須であるともいえます。

“ハム”を最も効果的に伸ばすには、仰向けで足を両手でもち、その足のヒザを床に近づけていく方法があります（ＳＴＥＰ３）。一度に無理せず、ゆっくり行いましょう。

STEP 1

両ヒザを立てた状態で仰向けになる

ヒザを曲げる角度は90°前後になります。STEP 2・3がスムーズに行える程度に、自分に合った角度を探してください。

STEP 2

伸ばす太ももの足の裏を両手で抱えるようにもつ

足を上げ、その足の裏を両手でもちます。背中やお尻が床からなるべく浮かないように気をつけながら、ゆっくりと行いましょう。

体が硬い人のための「太もも後ろ」ストレッチ

上の方法では、体が硬くてどうしても実行できない人もいます。そのような人にもできるストレッチを紹介します。

STEP 1

背中・お尻を浮かせて横向きになる

ヒザは曲がっていても真っすぐでも、どちらでもOKです。

STEP 3

ヒザが床面に接するまで押して近づけていく

ヒザの角度

ヒザから足首までと、床との角度が、直角になるイメージで床へ押し込んでいきます。

背中

もち上げた足とは反対側（写真では背中右側）が、床から離れないように意識します。

お尻

背中と同じように、伸ばす足の反対側が床からなるべく離れないようにしましょう。

上から見た図

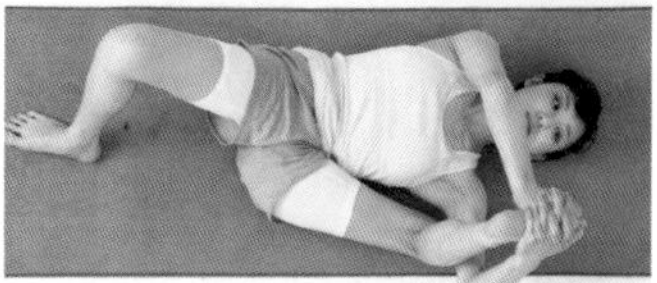

痛くてヒザが床につかない人は、体を少し斜めにしてヒザが床につくようにしてください。息をしながら、20 秒ほどその体勢をキープしましょう。終わったら、逆側の足も行いましょう。

後ろから見た図

背中とお尻を浮かせて良いので、できる体勢を見つけましょう。

STEP 2

足の裏を両手で持つ

上のSTEP 2・3と同様の順番で行います。

ストレッチ
応用編

重要度
★★★

太もも 外側

ランニング前
片側1回30秒

意識する筋肉など

外側広筋、
大腿筋膜張筋、
腸脛靭帯など

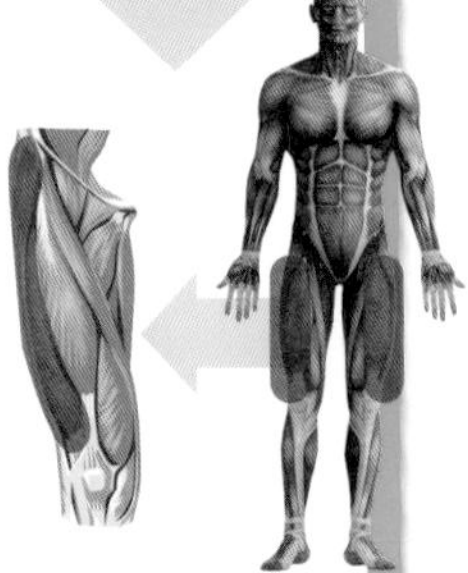

ほぐしにくい「外側」もしっかりと伸ばせる

太ももは、主に大腿四頭筋《だいたいしとうきん》と呼ばれる四つの筋肉で形成されていますが、なかでも外側の筋肉（外側広筋）は伸ばしにくい場所です。ストレッチの方法はとても簡単そうに見えますが、伸びていることをしっかり意識しないと、外側には効果が出にくいので、〝筋肉との会話〟（P26）を怠らないようにしましょう。ヒザの下に座布団などを敷いて行えば、ヒザが痛くならない状態でストレッチを行えます。

STEP 1
ヒザと両手を床につける

両手、両ヒザを床につけた状態でスタンバイします。

STEP 2
伸ばす足の反対側の足を組む形にする

体がやわらかい人は、ヒザ（写真では右ヒザ）が床につくこともあります。逆に、硬い人は、ヒザが浮いた状態になっていても、問題はありません。

プラスαのコツ

足を組むのが難しい人は、ヒザの位置がSTEP 1のままでもストレッチは可能です。足を組まない状態から、STEP 3のように体を倒していき、太もも外側を伸ばしてみてください。

ヒザは必ずクッションで守る!

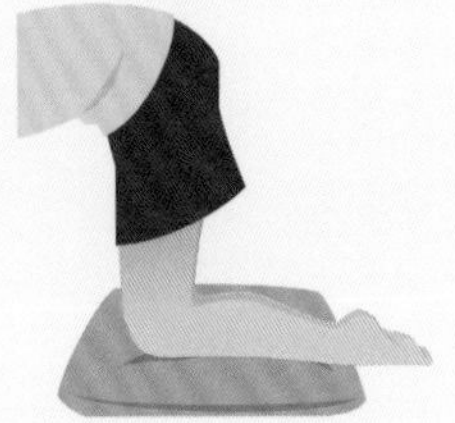

ヒザを床について行うストレッチでは、座布団などのやわらかい物を敷いて、ヒザを保護することを徹底してください。

STEP 3

伸ばしたい太もも側へ、体を倒していく

体全体の角度

STEP 2の体の中心線から、痛くなる手前まで、お尻を徐々に左へ倒して角度をつけていきます。

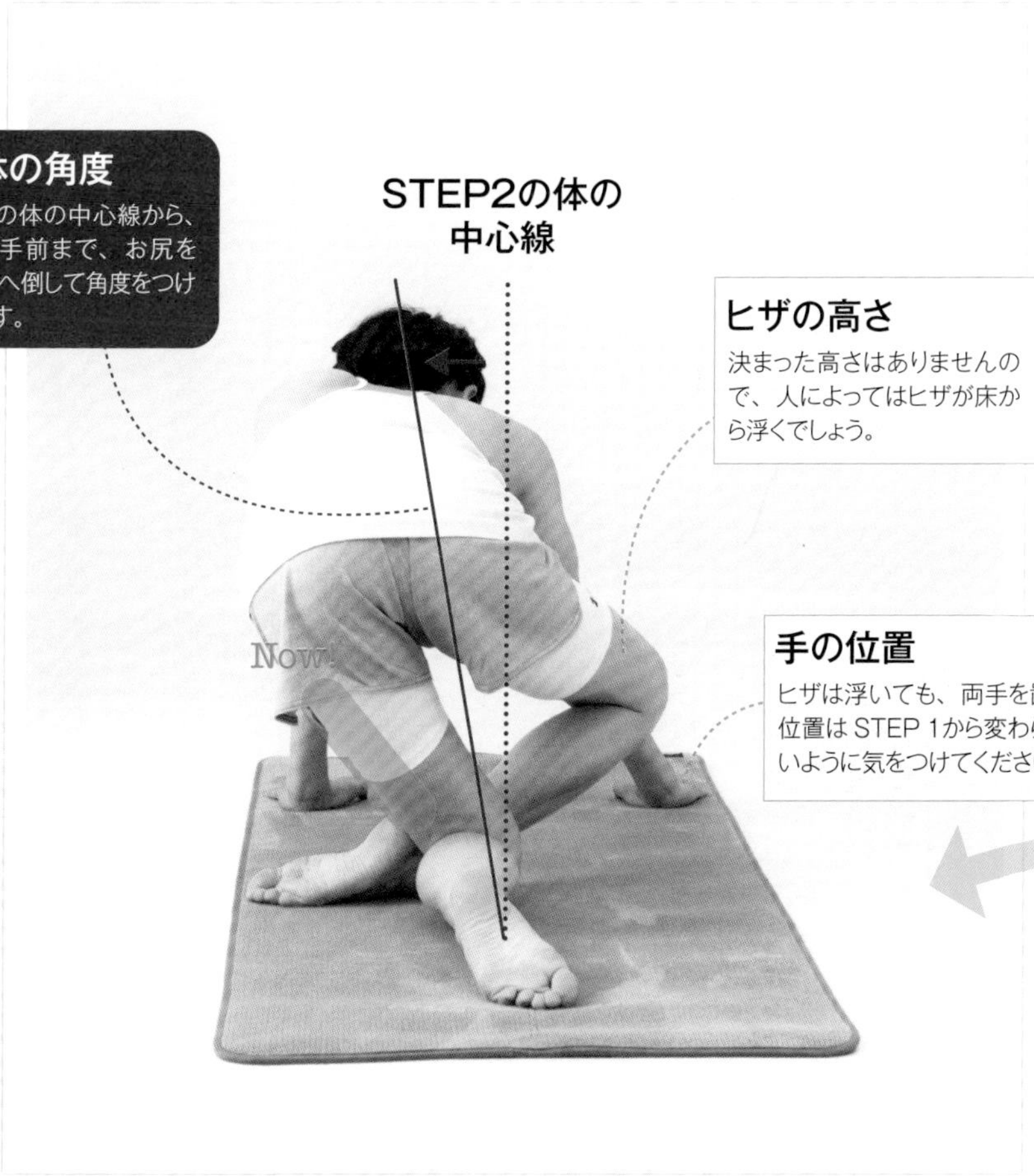

ヒザの高さ

決まった高さはありませんので、人によってはヒザが床から浮くでしょう。

手の位置

ヒザは浮いても、両手を置く位置はSTEP 1から変わらないように気をつけてください。

正面から見た図

床につけた両手の位置は、STEP 1から変わっていません。

横から見た図

一見 STEP 2と変わらないように見えますが、左足の「太もも外側」が伸びています。

ストレッチ
応用編

重要度
★★★

太もも内側・前側

ランニング前
片側1回30秒

意識する筋肉など

大腿四頭筋、
内転筋など

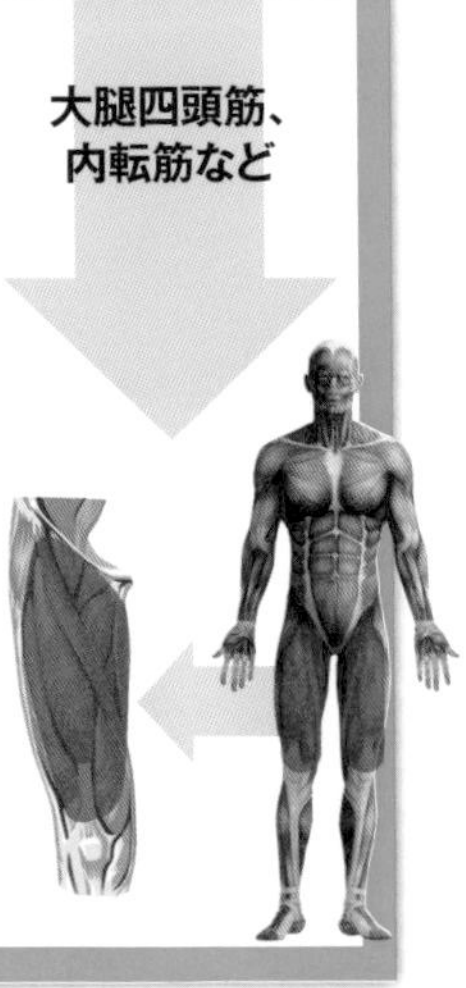

内側も、前側も、シンプルに伸ばせる

太もも「前側」の筋肉は大腿四頭《だいたいしとう》筋《きん》と呼ばれ、とても体積が大きく筋力も強い部分です。前側を伸ばすのは簡単で、片ヒザ立ちの状態から、伸ばす足の先を両手でもち上げるだけ。この時、座布団などをヒザ下に敷くことを忘れないでください。

「内側」のストレッチもシンプルです。ただし、両足を無理に開かないように気をつけてください。気持ち良い部分でストップすることが大切です。

太もも「内側」ストレッチ

両足を開いて、重心を真下に落としていく

両足の角度
両足が開く角度は人それぞれですので、硬い人は絶対に無理しないようにして行ってください。

足先の向き
足先の方向が正反対に向けられない人もいますので、自分の可動域内で行いましょう。

両足をできるだけ開き、重心を真下に下げていってください。やわらかい人はヒザを直角近くまで曲げられますが、基本的には右の写真のように無理のないところまで曲げればOKです。「内側」の筋肉が伸びているか常に確認してください。

上の写真よりヒザを曲げていない

太もも「前側」ストレッチ

硬い人用のメソッド

手を床につけても伸ばせる!

STEP 2のように両手で足先をもてない人は、片手を床につけても構いません（図上）。体が硬い人にはこちらをお勧めします。足の先端を引き上げる角度によって、「前側」のどこが伸びるかを試してみてください。

STEP 1

伸ばしたい足のヒザを床につける

左ヒザを床につけて、片ヒザ立ちをします。座布団を敷けば、ヒザが守れます。

STEP 2

伸ばす太ももの足先を両手でもち上げる

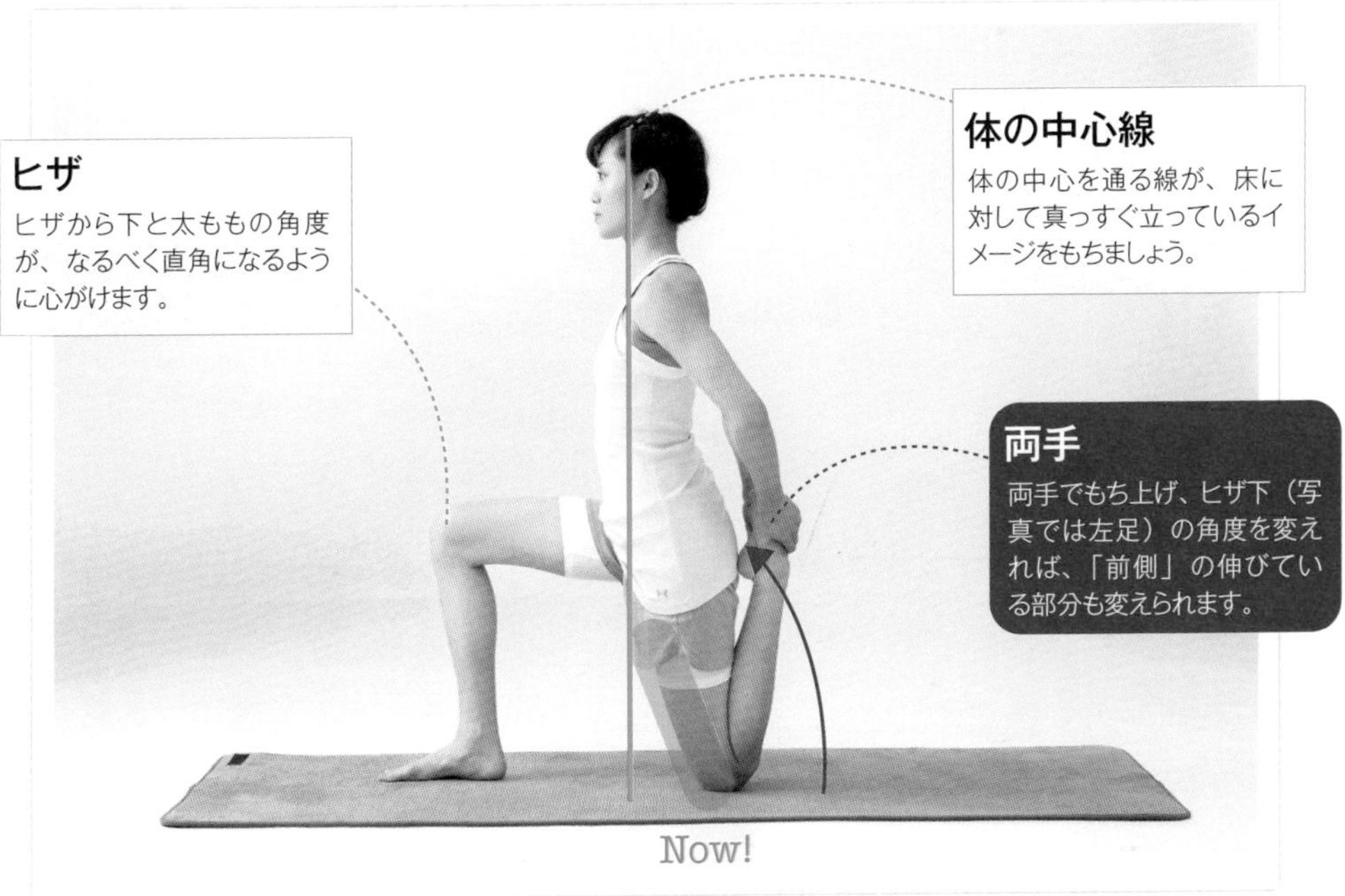
ヒザ
ヒザから下と太ももの角度が、なるべく直角になるように心がけます。
体の中心線
体の中心を通る線が、床に対して真っすぐ立っているイメージをもちましょう。
両手
両手でもち上げ、ヒザ下（写真では左足）の角度を変えれば、「前側」の伸びている部分も変えられます。
Now!

両手で足の先端をしっかりともち、上方向に足を引き上げます。どうしてもバランスが取りにくい時は、片手で足先をもち、もう片方の手を壁につけるなどすれば、体勢が安定します。

ストレッチ
応用編

重要度
★★★

ふくらはぎ

ランニング前
片側1回30秒

意識する筋肉など

腓腹筋、
ヒラメ筋など

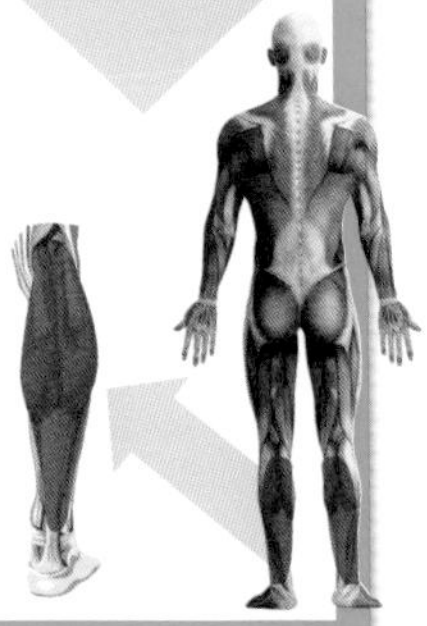

ていねいに伸ばせば、〝足がつる〟を回避できる

ランニングで最も酷使される場所の一つである「ふくらはぎ」の筋肉には、腓腹筋《ひふくきん》やヒラメ筋などがあります。いわゆる〝足がつる〟という状態になる時は、腓腹筋の痙攣《けいれん》が原因となることが多いので、事前にしっかりと伸ばしておくことが大切です。

　このストレッチでは、「体が硬い人用」も紹介します（左ページ下）。床とヒザの間にクッションとなる物を挟んで、自分のできる範囲で伸ばしましょう。

STEP 1

伸ばしたい足を前へ出し、片方の足のヒザは曲げる

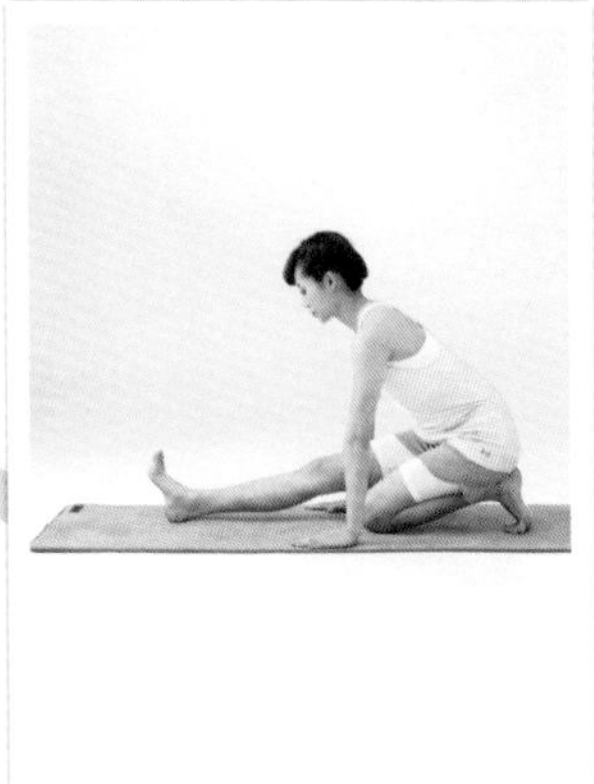

ヒザ（写真では左足）は直接床につけず、座布団などを敷きましょう。

STEP 2

ヒザを手で押さえてそこに体重をかけ始める

ヒザが曲がると効果が激減してしまうので、手をあてて、ヒザを押さえます。

プラスαのコツ

慣れてくると、片方の足（写真では左足）のつま先や足の裏も、同時にストレッチできるようになります。一石二鳥の方法なので、試してみてください。

STEP 3

片手でつま先を引き上げ、さらにヒザへ体重をかける

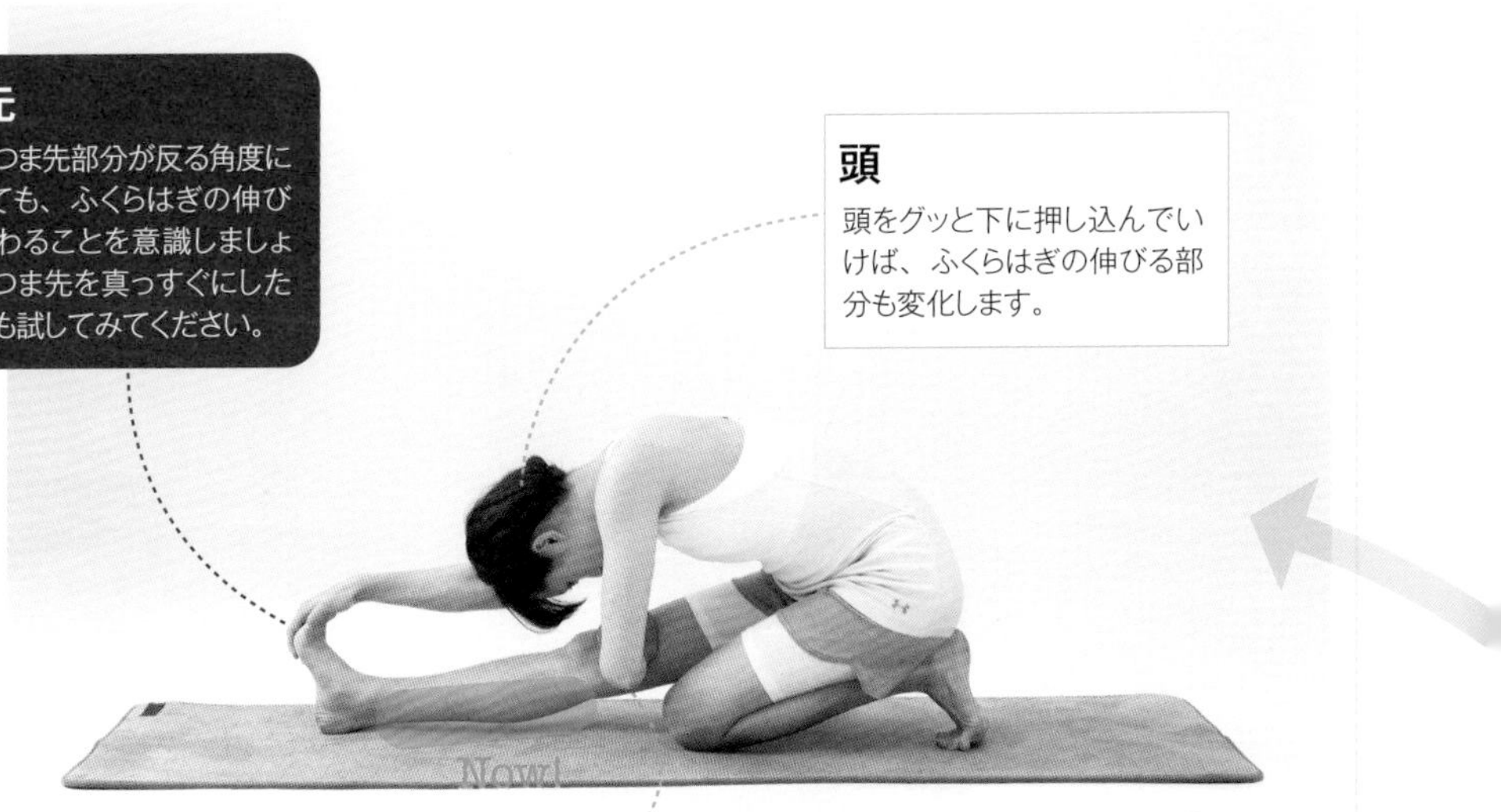
足先
足のつま先部分が反る角度によっても、ふくらはぎの伸びが変わることを意識しましょう。つま先を真っすぐにした状態も試してみてください。
頭
頭をグッと下に押し込んでいけば、ふくらはぎの伸びる部分も変化します。
手
片方または両方の手で、ヒザが曲がらないように、しっかりと下方向へ押さえ込みます。

拡大した図

床の方へ体重をかけていくと、ふくらはぎが伸びていくのがはっきりとわかります。この時、片方の手でつま先をもち、自分の体の方向へ引き込むのがポイントです。

硬い人用のメソッド

お尻を落とさなくてもOK!

お尻を下へ落とさなくても、ふくらはぎを伸ばすことはできます。上のSTEP3ができない人は、つま先（写真では右足）を伸ばしたままで良いので、両ヒザを押さえてふくらはぎのストレッチにチャレンジしてみましょう。

STEP 2

STEP 1

※床にヒザをつける場合は、必ず座布団などを敷きましょう。

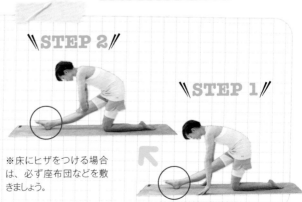

ストレッチ
応用編

重要度

★★★

すね・足首（前側）

ランニング前

片側1回30秒

意識する筋肉など

前脛骨筋など

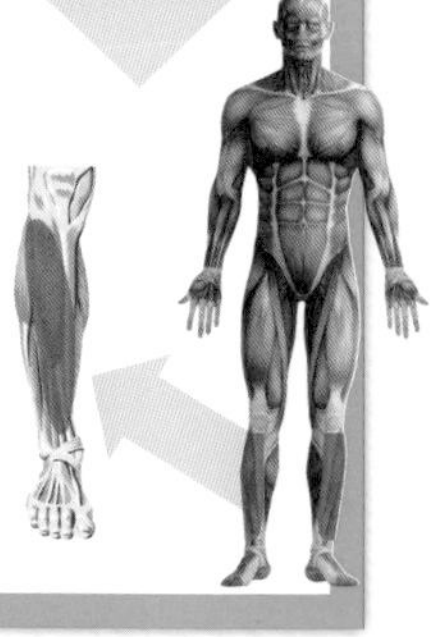

見逃しやすい筋肉の〝張り〟を解消する

すねにある前脛骨筋《ぜんけいこつきん》は、張っていることに気づきにくい筋肉です。人体の構造上、ランニングをしている時はもちろん、歩いている時にも常に負荷がかかっている場所なので、必ずストレッチを行ってください。STEP3のように座った状態でヒザを引き上げた時、同時に足首の前側も伸ばすことができます。すねの伸ばし方を知らないランナーも多いので、ケアの方法（P120）と合わせて、覚えておきましょう。

STEP 1

伸ばしたい足を折り曲げ反対側の足は伸ばす

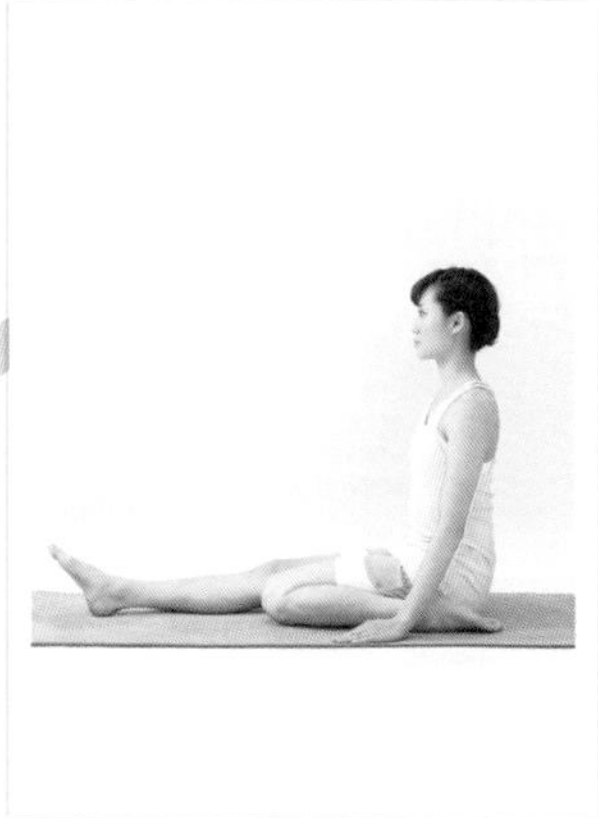

折り曲げた足も、もう片方の足も、なるべく真っすぐになっていることを確認してください。

STEP 2

片手で伸ばしたい足のヒザをつかむ

左右どちらでも良いので、片方の手で伸ばしたい足のヒザをもちます。

STEP 3

ヒザをつかみながら、足を手前へ引き上げる

伸ばす足

先端からヒザまで、棒のような直線になっているかどうかを、常に意識しましょう。

体の角度

上半身もピンと直線になっている方が、効果的です。写真の状態から、体をさらに前方へ倒せば、「すね」の違った部分が伸びます。

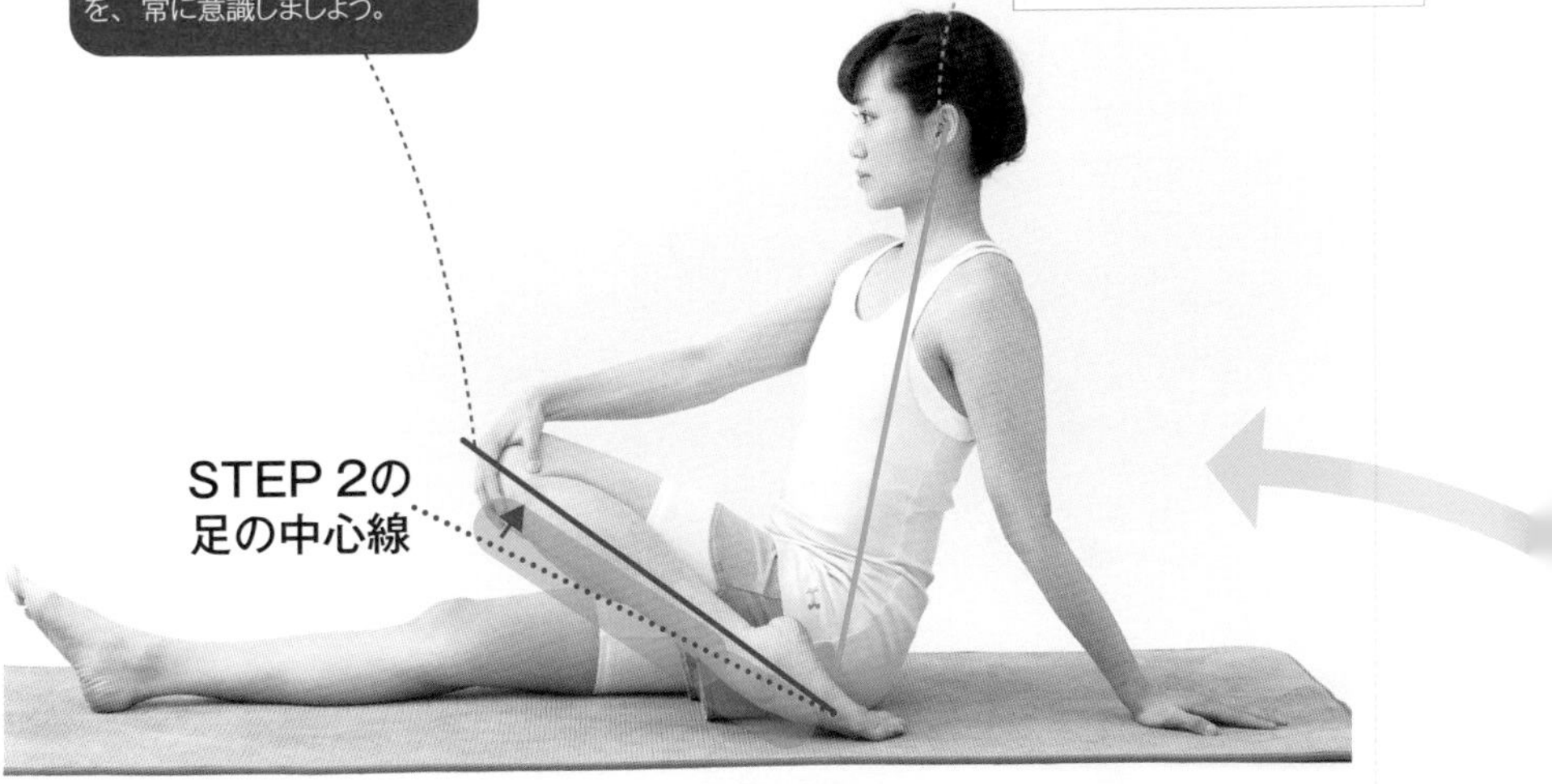

Now!

上から見た図

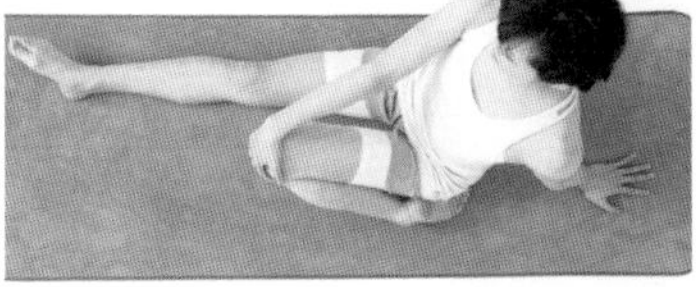

伸ばす足（写真では左足）のつま先からヒザまでをピンと真っすぐにした状態で、手の力を使って、手前に足を引き上げます。足を真っすぐにしていないと、すねと足首の両方を伸ばすのは難しくなります。このストレッチも、足の甲を座布団などで守って行ってください。

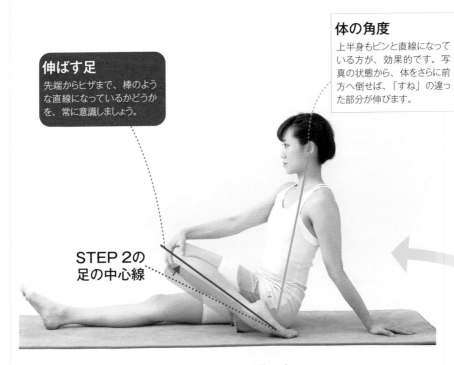

ストレッチ
応用編

重要度
★★★

アキレス腱

ランニング前
片側1回30秒

意識する筋肉など

アキレス腱、
腓腹筋など

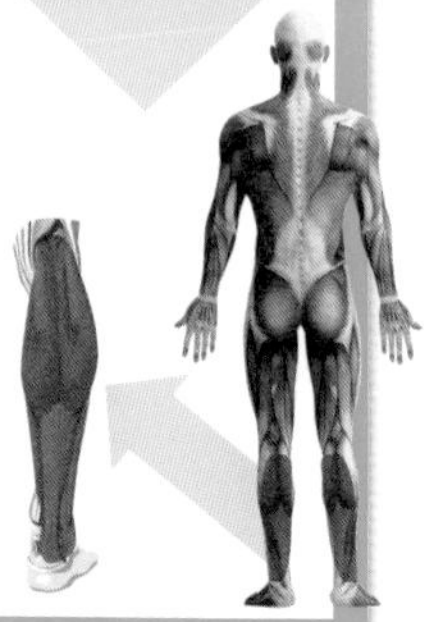

かかとへの意識次第で伸び方が大幅に変わる

見た目もやり方も、とてもシンプルなのが「アキレス腱」ストレッチの特徴です。トップアスリートでも損傷しやすい部分なので、入念にストレッチを行いましょう。ストレッチを行う際は、〝かかと〟全体を床につけることに意識を集中させてください。それがクリアできれば、体重のかけ方でアキレス腱の伸び縮みを実感できるはずです。「変化系」（左ページ下）にも一度チャレンジしてみてください。

STEP 1

伸ばしたい足のかかとを床につけて、お尻を浮かせた状態にする

かかとをしっかり床につけて、その足のヒザを曲げるだけでもアキレス腱が少し伸びるのがわかります。

プラスαのコツ

最初はかかと（写真では左足）を軽く浮かせた状態から始めても、アキレス腱へのアプローチはできます。足首が硬い人は、まずはかかとを浮かせたところからスタートしましょう。

STEP 2

お尻を下へ落としながら、かかとに体重をのせていく

両手

伸ばしている足が動かないように、両手でヒザの上側を押さえます。

お尻

お尻を真下に下げていきます。一気に行うのではなく、ゆっくりと行うことが大切です。

かかと

かかとは常に床と接しているように注意しましょう。離れると効果が薄くなります。

お尻を下げて、かかとへ体重をのせ、アキレス腱を徐々に伸ばします。動作は簡単そうに見えますが、アキレス腱がちゃんと伸びているかを意識するのは意外と難しいものです。

もうひとつチャレンジ!

変化系ストレッチ

「腕」も同時に伸ばす!

STEP2の状態から、アキレス腱を伸ばしている足と逆側の腕（写真では右腕）のストレッチも可能です。手首を片手でつかんでグイッと水平方向へ引き、腕の外側を伸ばしましょう。

正面から見た図

ストレッチ
応用編

重要度

★★

背中・腰・お尻

ランニング前

片側1回30秒

意識する筋肉など

脊柱起立筋、広背筋、大殿筋など

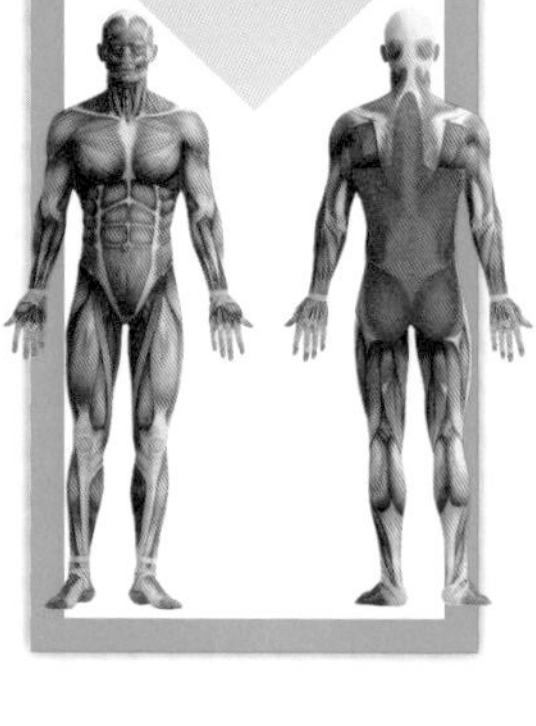

成功すれば、一石三鳥！楽して複数箇所を伸ばす

ランニングによって腰痛になる人は多いのですが、実は、その大半が背中の筋肉を痛めているのです。背中と腰は一つのものとして、セットで考えてください。イメージしにくいのですが、ランニングでは下半身だけでなく、背中と腰にも負担がかかっているのです。

ＳＴＥＰ３のように片足を床側の手でゆっくりと引っ張り上げてください。腰と背中がねじれ、お尻の筋肉も伸びるのがわかれば成功です。

STEP 1
片足を折り曲げて、横向きに寝転ぶ

寝転ぶ向きは、左側面が上になる、右側面が上になる、どちらでもやりやすい方から始めましょう。

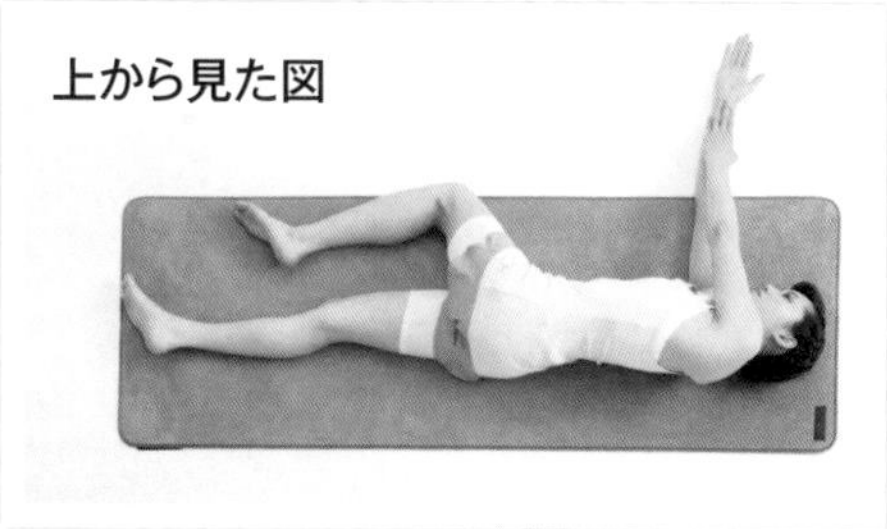

STEP 2
折り曲げた足を、床側の手でもつ

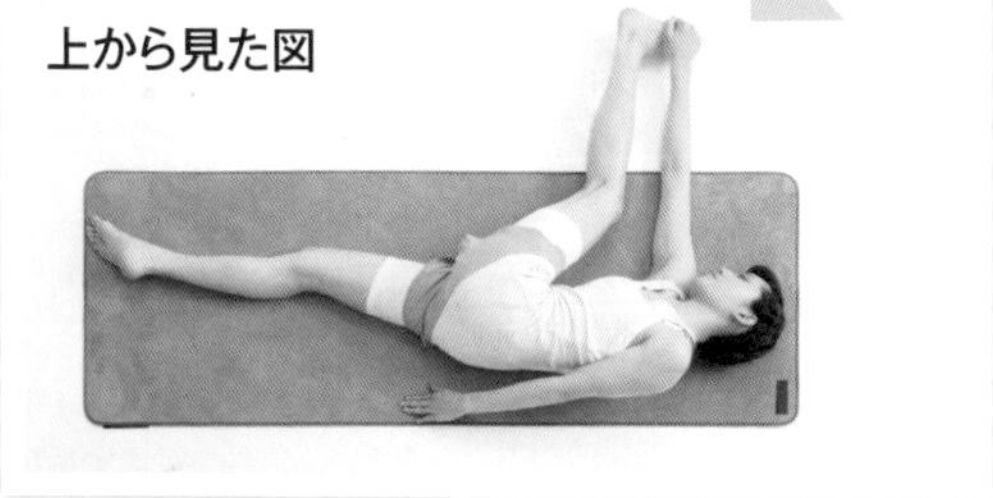

手でもつのは足首でも足裏でも、固定できればどちらでも大丈夫です。硬い人は、多少ヒザを折り曲げても良いので、足をなるべく頭側へもち上げましょう。

STEP 3

床側の手で足を上へ引っ張り、もう一方の手を反対側に投げ出す

上から見た図

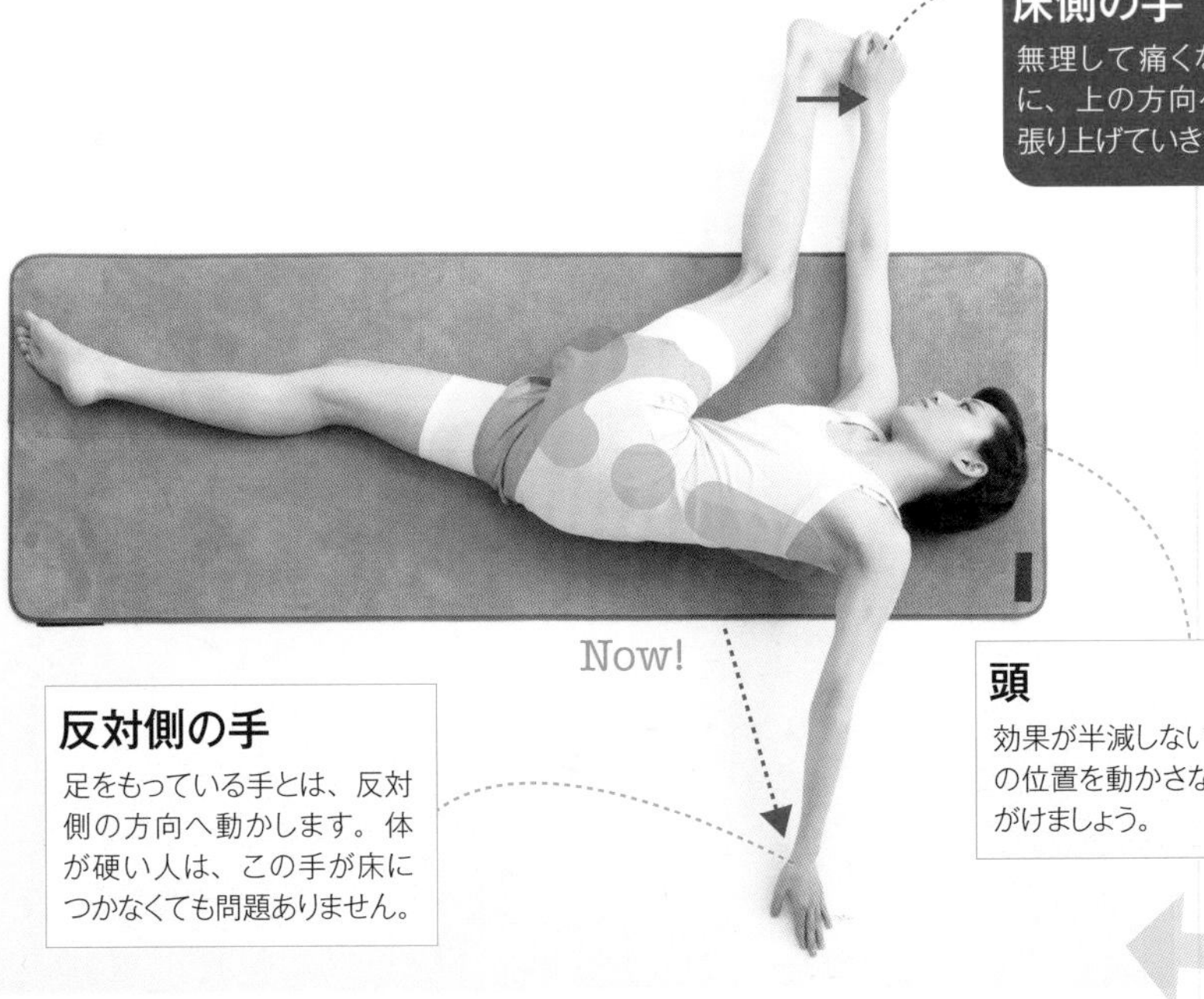

床側の手

無理して痛くならない程度に、上の方向へ、足を引っ張り上げていきます。

頭

効果が半減しないように、頭の位置を動かさないことを心がけましょう。

反対側の手

足をもっている手とは、反対側の方向へ動かします。体が硬い人は、この手が床につかなくても問題ありません。

無理しない程度に、床側の手（写真では右手）で足を引き上げます。すると、お尻の筋肉がその方向へギューッと伸びていき、同時に、背中と腰もねじるストレッチになっています。ちょっとした力の入れ加減、抜き加減によって、背中や腰のねじれ具合が変わります。手や足の位置も少しずつズラして効果の違いを感じてみてください。逆側も行いましょう。

後ろから見た図

斜めにねじれるように背中と腰が伸びていることがわかります。

ストレッチ
応用編

重要度

★★

お尻

ランニング前

片側1回30秒

意識する筋肉など

大殿筋など

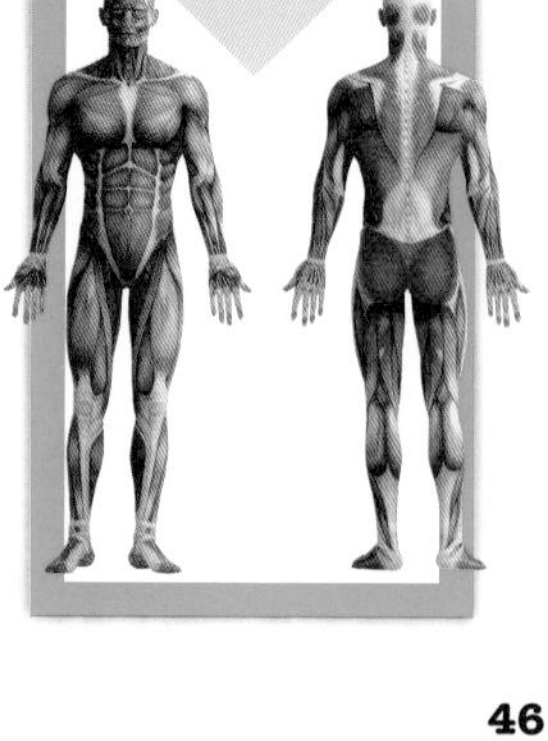

全体重を支える〝足の一部〟をストレッチ

お尻は〝足の一部〟として考えてください。なぜなら、ランニングをする時、ヒザと同じように股関節にも全体重がかかっていて、そこを支えている筋肉こそお尻だからです。疲労もたまりやすい場所なので、欠かさずストレッチを行いましょう。

このストレッチで重要な点は、組んだ足をどの程度体に近づけるかです。その時の力加減で、伸びる部位が微妙に変わってくるので、少しずつ変化を確かめてください。

STEP 1
両ヒザを曲げて座る

安定する座り方を探してください。後ろにつく手の形は自由です。

STEP 2
お尻を伸ばしたい側の足を上に組む

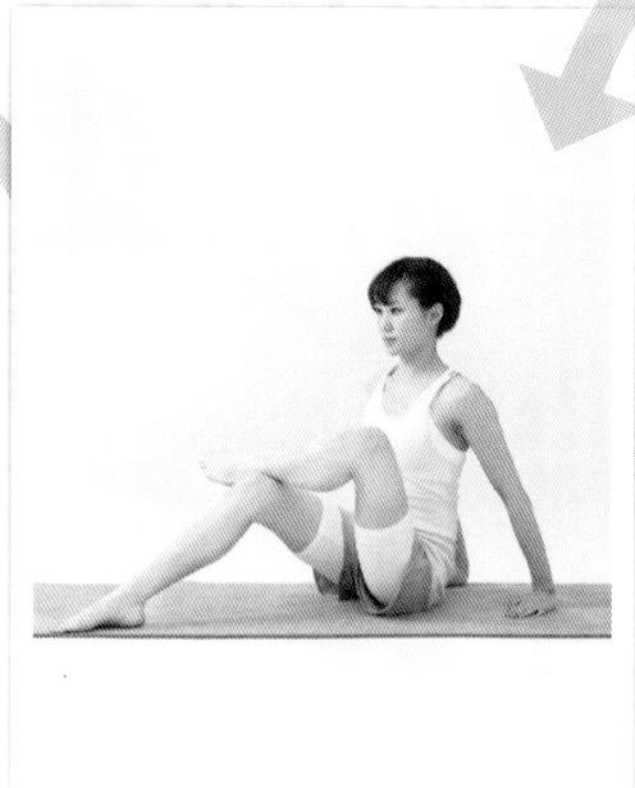

伸ばしたいお尻側の足（写真では左足）を、もう一方の足の上に組みます。こちらも安定する形をとりましょう。

STEP 3

両手で足を抱え込み、体の方向へと近づけていく

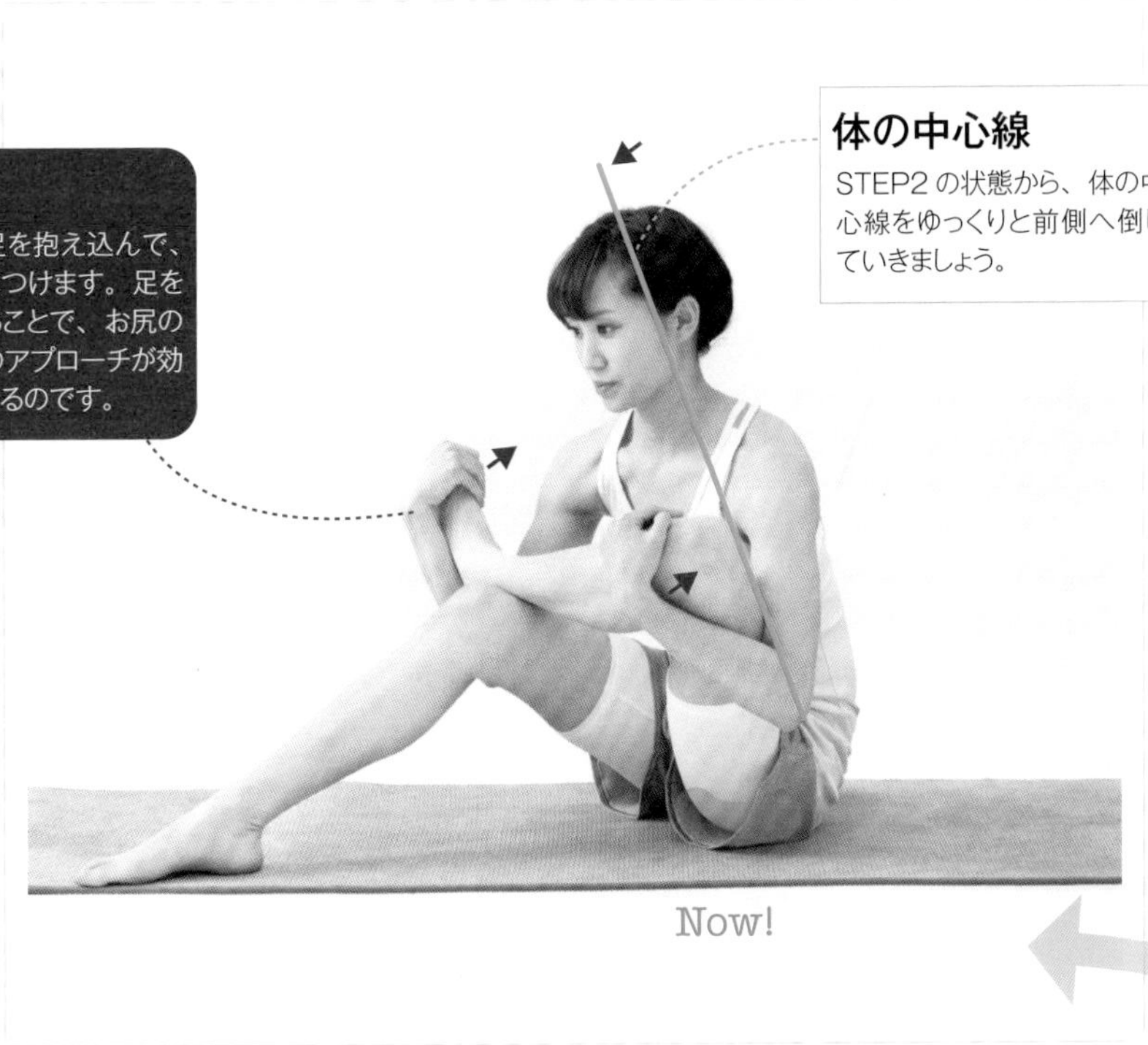
両手
組んだ足を抱え込んで、体に引きつけます。足を固定することで、お尻の筋肉へのアプローチが効果的になるのです。
体の中心線
STEP2 の状態から、体の中心線をゆっくりと前側へ倒していきましょう。
Now!

両手で足の位置をホールドしたら、体と抱えた足を近づけていきます。体を前へと倒すか、足を体に近づけるか、または両方行うかで、それぞれ伸びるお尻の筋肉が微妙に変化します。

真横から見た図

STEP 3
STEP 2.5
STEP 2
STEP 2の
中心線

STEP2と3の間に、「STEP2.5」をつくって真横から見てみると、体がしっかり前側に倒れていることがわかります。

ストレッチ
応用編

重要度
★★★

動的ストレッチ

股関節・骨盤

ランニング前
往復約4秒／回
往復 20 回

意識する筋肉など

大腰筋、腸腰筋、大殿筋、仙腸関節、股関節など

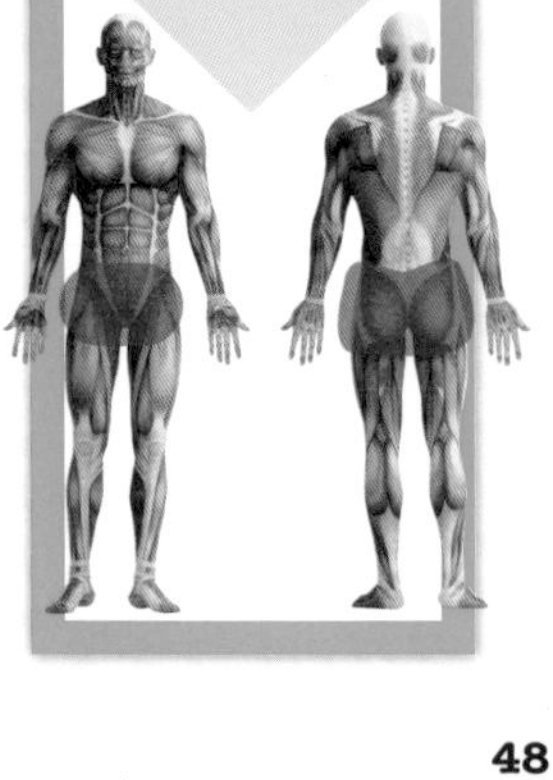

股関節だけでなく、骨盤のゆがみまで解消！

この「股関節」のストレッチからP53までは〝動的ストレッチ〟です。静止した状態をキープするのではなく、動きをつけて筋肉を伸ばすストレッチになります。

左ページに並んだ連続写真のように、STEP1～5までを約2秒(往復で約4秒)でスムーズに行ってください。股関節だけではなく、腰やお尻、背中など、複数の筋肉に刺激を与えられます。このストレッチは、骨盤矯正やO《オー》脚矯正に来院された人にも必ずお伝えしている自宅での宿題プログラムです。

さらに、骨盤の近くの「仙腸関《せんちょうかん》節《せつ》」(図左)も動かすことができる優れものです。仙腸関節とは、ここが動きやすくなると体全体が柔軟になり、ダイエットにも良いといわれる関節で、近年注目が集まっています。

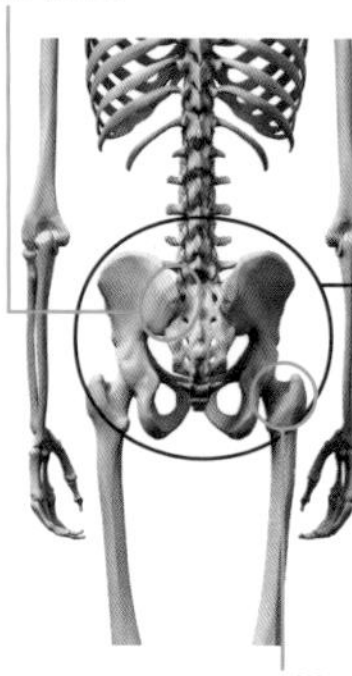

▲人体を後ろ側から見た図

左ページのストレッチを行う目安

STEP1→５→1の往復１回を、片側ずつ**各20回**行う

STEP1→５を、**約2秒間**で動かす
往復で約4秒間

横向きに寝転び、左足のヒザを胸に近づけて左腕を後ろへ投げ出す

左足の太ももを胸に近づけるように行ってください

リズミカルにテンポ良く行う

STEP 1

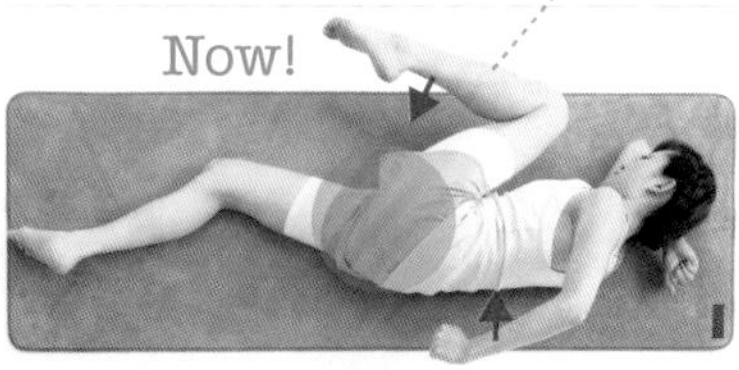

左足は前側へ蹴り上げるような形です。寝転んで行うことで、逆側の手足（写真では右腕と右足）が床面に固定されるため、股関節を動かす効果が高いのです。

STEP 2

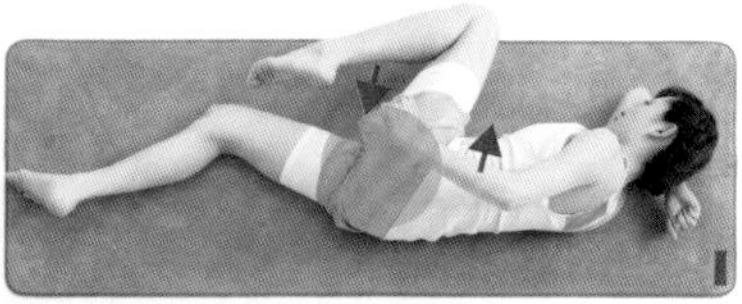

STEP 3

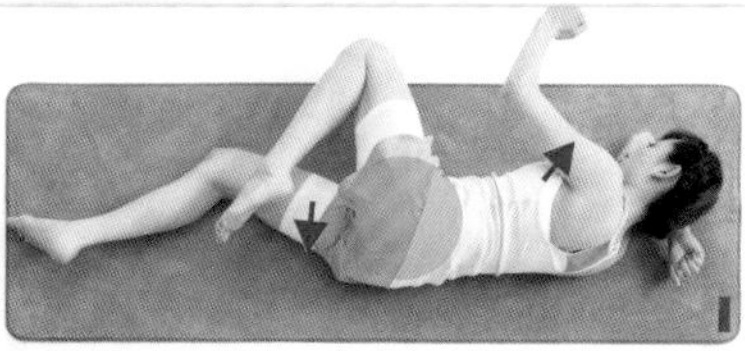

STEP 4

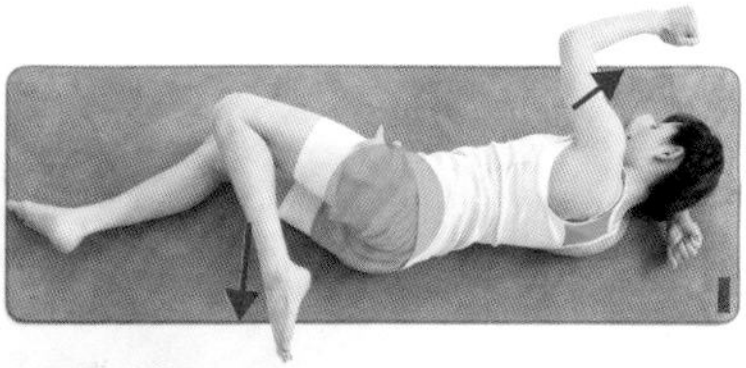

STEP 5

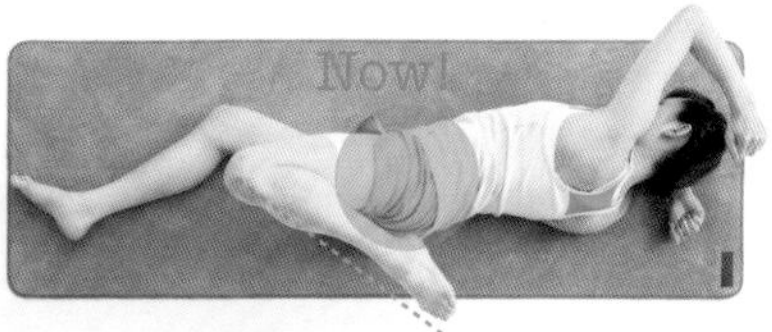

痛みなく自然に動かせるところまで股関節を回して、左腕と左足がSTEP1から一番遠い位置まできたらOKです。左腕はボクシングのアッパーカットのように振り上げた状態になっています。

左足は後ろへ蹴り上げるような形になり、左腕も振り上げた形になる

グッとヒザが後ろへいくイメージです。かかとがお尻に近づくようにしましょう。

STEP1 ⇄ 5 の順で繰り返す

ストレッチ
応用編

重要度
★★★

動的
ストレッチ

腰・背中①

ランニング前
往復約4秒／回
往復10回

意識する筋肉など

腹横筋、
腹斜筋など

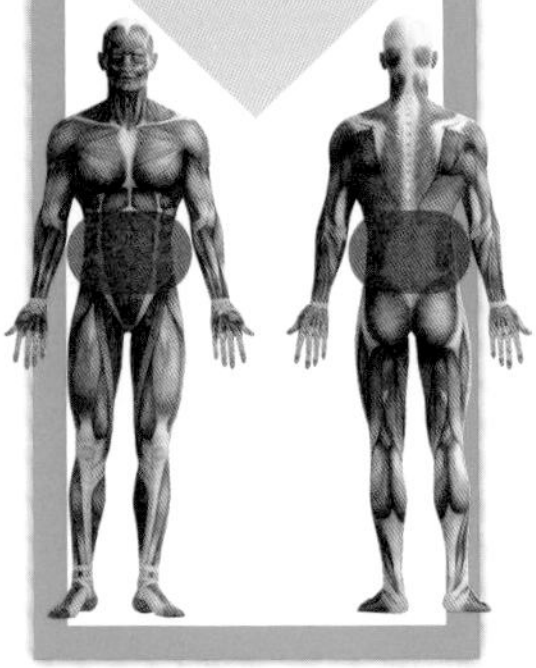

ランナーの腰痛を防ぐ 腰と背中へのアプローチ

手首をつかんで、腰をひねり、また逆側へひねる。これを繰り返します。ランナーには腰痛を抱えている人が多いのですが、このストレッチは腰痛予防にもなります。日頃のランニングを始める前にぜひ取り入れてほしいストレッチです。

腕をグイッと回した時に、腰や背中がねじれますので、慣れてきたら少し大きめに回してみてください。最も重要なのは、回す瞬間に息を口から「フッ」と吐くことです。

STEP 1

片足を引いた状態で、片方の手首を逆側の手でつかむ

左右どちらの手首をつかむかは自由です。どちらでも効果が変わることはないので安心してください。

STEP 2

中心線を真っすぐに保ち、右または左に腕を回す

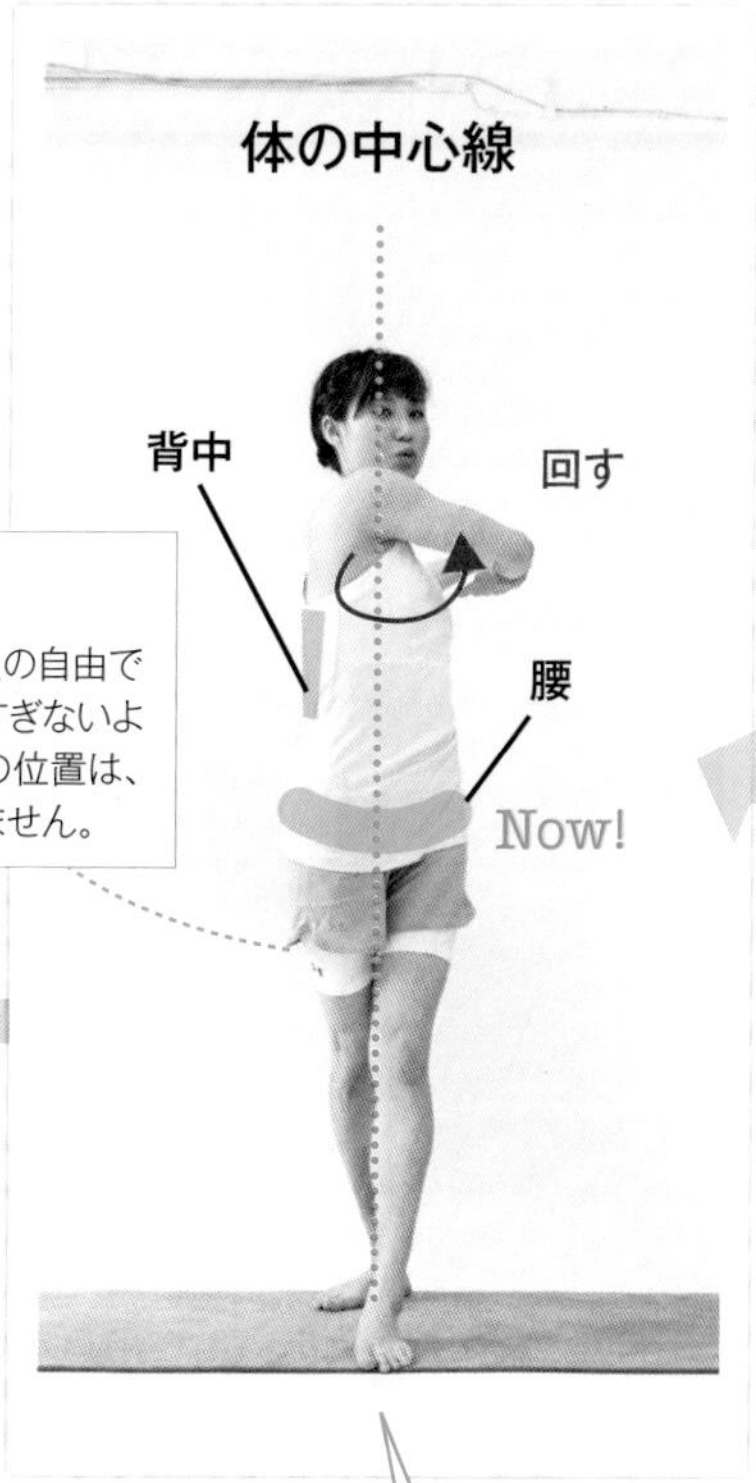
体の中心線
背中
回す
腰
Now!

両足

足を開く間隔は各人の自由ですが、極端に開きすぎないようにしましょう。足の位置は、STEP1から動かしません。

プラスαのコツ

腰を回すたびに「フッ」と息を吐きながら行うと効果的です。「右、左、右……」とリズミカルに動かし、それに合わせて「フッ、フッ、フッ……」と息を吐くようにします。

STEP 3

中心線は真っすぐ、足も動かさずに、STEP2とは逆側へ腕を回す

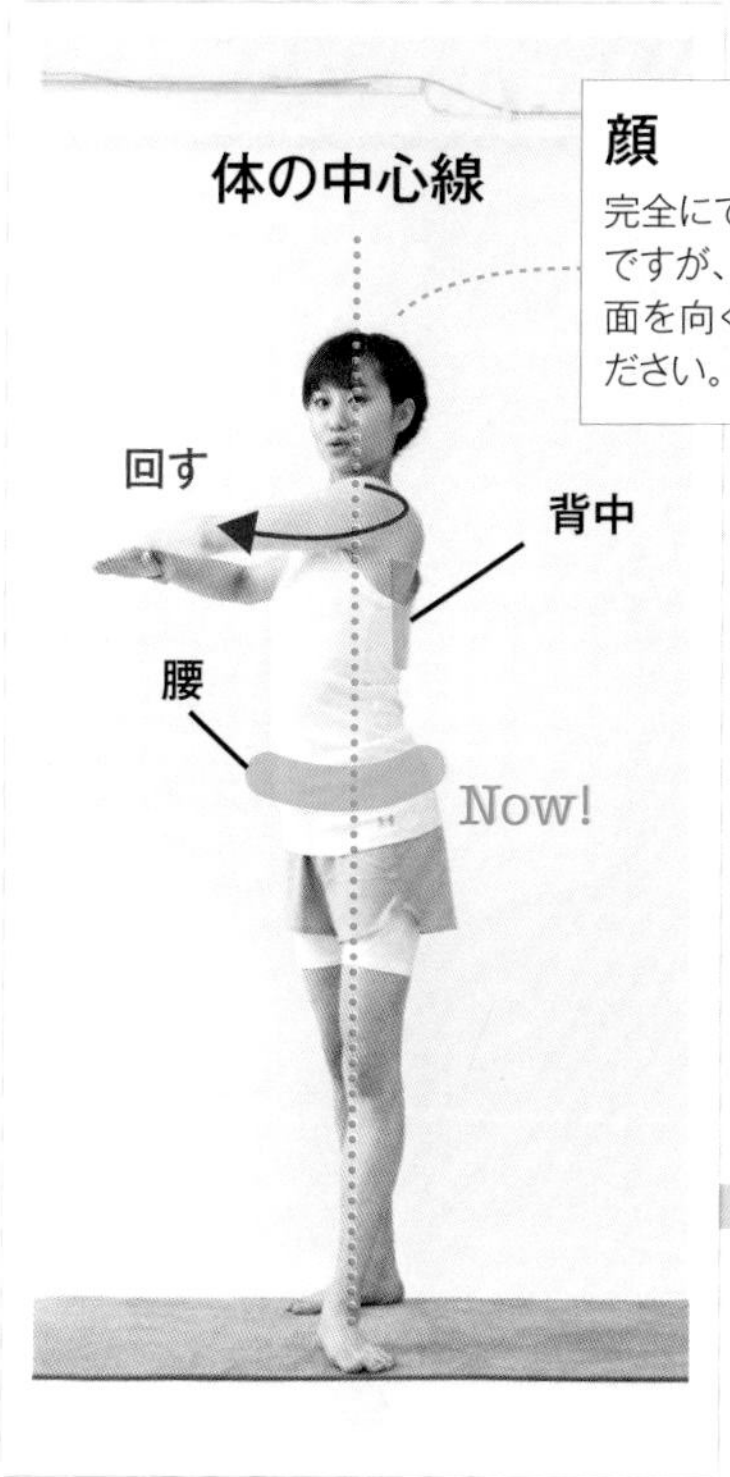
体の中心線
回す
背中
腰
Now!

顔

完全にではなくて良いですが、なるべく真正面を向くようにしてください。

「腰」「背中」がねじれていることを意識しながら、腕を左右に回してください。ここでポイントになるのは、足を動かさず、顔をなるべく正面に向かって真っすぐにキープすること。それさえできていれば、腕を回すだけで、自然と「腰」「背中」のねじれストレッチになるのです。

STEP 2⇆3の順で繰り返す

ストレッチ
応用編

重要度
★★★

動的
ストレッチ

腰・背中②

ランニング前
往復約4秒／回
往復 10 回

意識する筋肉など

腹横筋、腹斜筋、
広背筋など

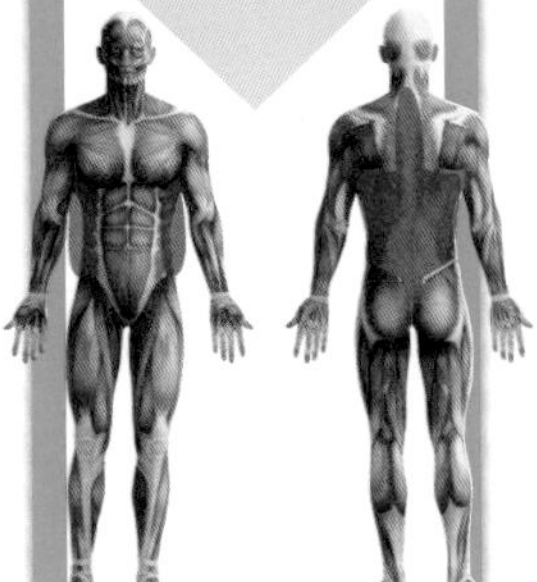

複数の筋肉を一度に伸ばせる動き

P50と同様に、「腰」と「背中」を伸ばす動きですが、横腹、脇の下、腕も伸ばすことができます。

ポイントは真横に体を倒すこと。その点を意識していないと、十分な効果が得られません。私はランニングの前と後に、歩きながら「右、左、右、……」と行っています。その時はバナナの形をイメージして、真横に体を倒しています。往復10回を目安にして、まずは実践してみましょう。

STEP 1
片足を引き、片方の手首を逆側の手でつかむ

P50 同様、左右どちらの手首をつかんでもOKです。途中でもち替える必要はありません。

STEP 2

中心線から、上半身を真横に倒す

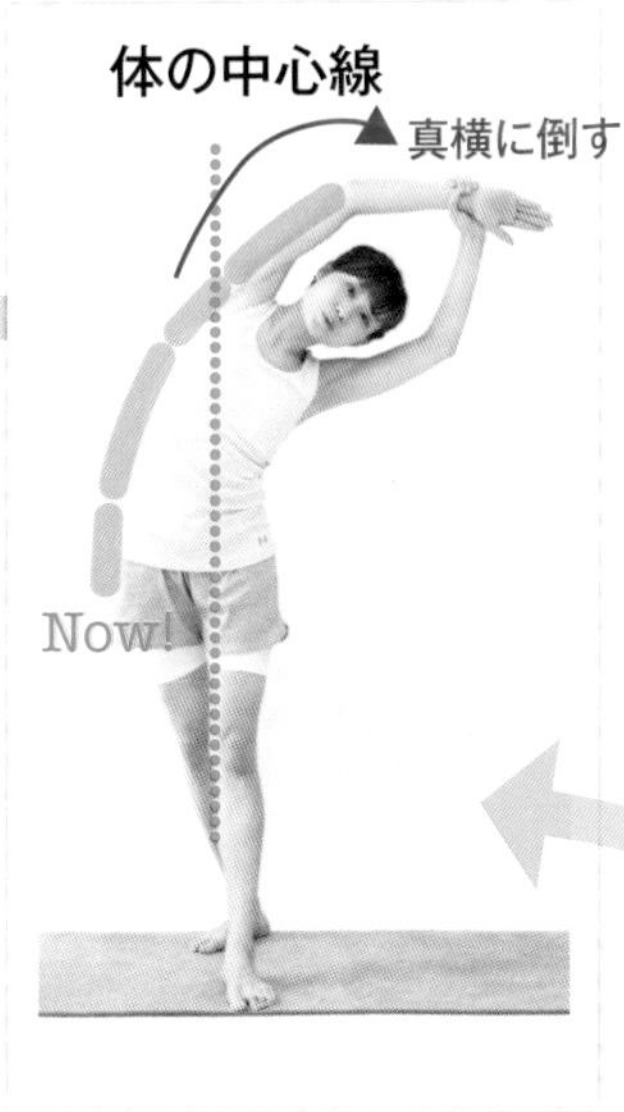
体の中心線
真横に倒す
Now!

このストレッチのポイントは、上半身を“真横”に倒せるかどうかです。斜めになってはいけません。P50 同様に、「フッ」と口から息を吐きながら行いましょう。

STEP 3

STEP2とは逆の方向へ体を真横に倒す

体の中心線
真横に倒す
Now!

脇の下から横腹を反るように意識して、背中や腰もストレッチができます。

STEP 2⇆3の順で繰り返す

真横から見た図

STEP 3
STEP 2.5
STEP 2
体の中心線

左右のどちらに体を倒す時でも、「体の中心線」が真っすぐになっていることが大切です。

Column 2

＼“ありがちミス”は早めに防ごう!／

ビギナー相談室

よくあるランナーからの質問

Q.

足の甲がとても痛くてつらいのですが、
走っても良いでしょうか?

A.

痛みが「点」の状態であれば、
ランニングは中止。
1カ月以上は安静にしてください。

足の甲が痛い時は、足の骨を上から押してみて、どこが痛むかゆっくり探しましょう。ある1点を押した瞬間に、「痛いっ！」と感じたら、走りすぎによる疲労骨折をしている可能性があります。疲労骨折は折れているのではなく、ヒビが入った状態です。最低1カ月、長い人で3～4カ月は安静にするべきでしょう。心配な方は整形外科等を受診してください。痛みが「点」ではなく、「面」だった場合は筋肉痛だと思われます。

Chapter 2

走り方 5つのルール

故障をせず、楽に、長く走る。
この「エンジョイラン」
最大のテーマを実現するには、
どう走ればよいのか
５つの具体的なルールを教えます。

Five Rules of Running

筋肉を使う量を減らす

ランニングをすれば疲れるのは当然ですが、同じ距離を走っても、走り方が違えば疲れ方も違います。疲れを減らすメソッドこそが「エンジョイラン」。具体的な方法を紹介していきます。

〝エコラン〟がもたらす効果とは

私が提唱している「エンジョイラン」の大きな目標は、できるだけ筋肉を使わないで走ることです（P12）。脱力系のランニングなので私は、〝エコラン〟とも呼んでいます。力を入れずに走ることができれば、その分だけ疲れにくくなるのです。厳しいトレーニングを自分に課して、自分に合っていないランニングを続け、故障して結果的に走れなくなる、つまり健康でなくなってしまうと、楽しく走ることができなくなります。そんな矛盾した状態に陥ることなく、健康的にランニングを続けてほしいからこそ「エンジョイラン」を実践してもらいたいと思っています。

本章では「エンジョイラン」の基本である5つのルールを説明します。いずれもが筋肉をなるべく使わず、楽に長く走ることを目的に考えた走法です。

さらに、この5つを覚えると同時に、〝プラスαのルール〟（P68～）にもチャレンジしてみましょう。ビギナーだって、故障なく、フルマラソン完走はできるのです！

筋肉を使う量が減らせれば疲労も減る

以前のレースと比べて、
体の疲れが明らかに減っている！
5時間切れるかも！
08
20km

＼＼ 基本形を押さえれば、故障も筋肉痛も、激減する! ／／

エンジョイラン走法 5つのルール

エンジョイランの基本ルールに、専門的で難しいことは一つもありません。ビギナーでも、中級者でも、誰でもすぐに始められる無理のない走法です。健康のために走っているのですから、筋肉痛や故障に悩まされることなく、ランニングを楽しみましょう。

1 2本のレールをイメージする（➡P58）

2 前傾姿勢になって体重移動で進む（➡P60）

3 重心の真下に着地する（➡P62）

4 蹴り上げずに小股で進む（➡P64）

5 足を常に真っすぐ出す（➡P66）

Point

上記の5項目は基本形です。基本を覚えると同時に、
以下の項目の“プラスαのルール”へ進んで、
さらに効率良く走る方法を身につけてみてください。

- “まん中”を意識して疲労を減らす（➡P68）
- 水平移動で脇腹痛をなくす（➡P70）
- 呼吸は楽になだらかに“6拍子”で行う（➡P72）

⬇

すべてのルールの目的は、
“疲れず、楽に、長く”走ること

ルール①

2本のレールをイメージする

真っすぐに走っているつもりのランナーも、よく見ると、つま先は真っすぐになっていないことがあります。「真っすぐに走る」を実践するために、平行に続くレールを想像しましょう。

平行に進めば、ヒザの負担を軽減できる

両足を揃えて、楽な姿勢になるように真っすぐ立ってみましょう。次に、つま先から2本のレールが平行にのびていき、その上を足という列車が通って行くイメージをもってください。このレールが交わることはなく、間隔が離れていってもいけません。つまり、つま先が真っすぐに出ている状態を常にキープするのです。P66の「足を常に真っすぐ出す」とも関わるルールで、ヒザを故障から守るために最も大切なことです。

歩道や公園にある色のついたラインを使って、「2本のレール」の練習をしてみましょう。常につま先を真っすぐに出し、足の内側へ体重をのせながら走るのがポイントです。

「2本のレール」を進む具体的な方法

NO!✕

つま先が外側を向いていてはいけません。ヒザに負担がかかり、故障をしてしまいます。

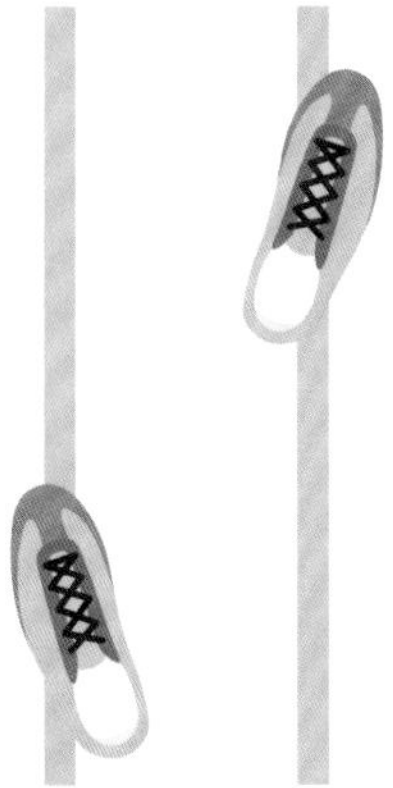

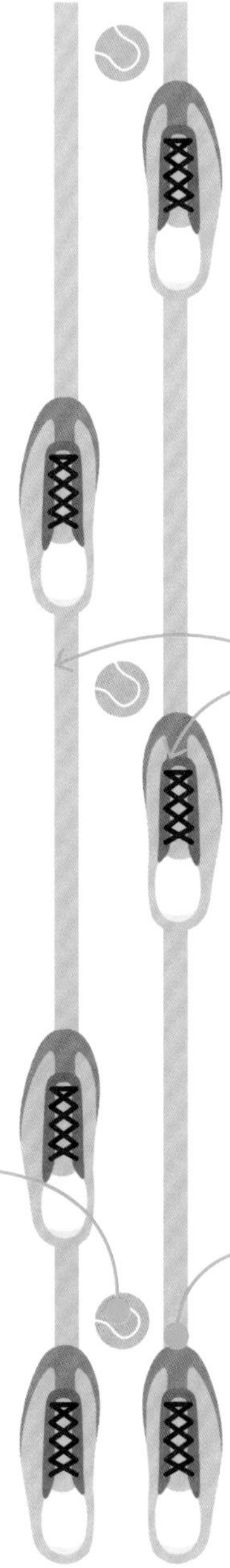

Point 慣れないうちはフラつくこともありますが、三つのチェック項目を確認しながら練習しましょう。

- レールは常に平行である
- レールはつま先からのびている
- レールの間隔はテニスボール1個分程度（個人差があるので広めでもOK）

check!

2本のレールは常に平行になっている

つま先からのびる2本のレールは、ランニング中ずっと平行の状態です。つま先が外側を向けばレールは離れていき、内側を向けば交わってしまいます。そうならないように心がけてください。

check!

靴の間隔はテニスボール1個分

靴同士が当たらないように、間隔は少し開けておきます。個人差はありますが、靴と靴の間隔を、ゴルフボール1個からテニスボール1個分ほど開けるのがちょうど良いでしょう。O脚やX脚の人は、それよりも少し広めに間隔をとってもOKです。つま先とヒザが真っすぐに向く角度を調整してください。

check!

つま先の延長線上にレールがのびている

つま先を進行方向に真っすぐ向けたら、その先端から列車のレールが2本延々と続いているイメージをもちましょう。

関連するルール
足を常に真っすぐ出す は
P66 へ

ルール ②

前傾姿勢になって体重移動で進む

エンジョイラン走法の中でも、特に重要なのが「体重移動で進む」ということ。人間が前へ進む際、最も筋肉を使わず、疲れることなく進む方法を試してみましょう。

上半身が先に前へ出て、下半身は後からついてくる

足の裏が地面に接着剤で固定されているようなイメージをもってください。その真っすぐ立った状態から足を動かさずに、上半身をゆっくり前へ倒し、体重移動してみましょう。

腰が引けないように、ゆっくりと行ってください。そのままだと、顔が地面にぶつかってしまうので、自然と足が前へ出て体を支えます。これが「体重移動」です。

エンジョイランでは、この体重移動の連続によって体を前へ進めてい

NO!✕

後傾姿勢で筋力を余計に使ってはいけない

後ろに体重がかかった姿勢で走ると、自分の力で足を前方に動かさないといけません。これでは筋力を無駄遣いしています。

OK!◎

前傾姿勢だと足が後ろからついてくる

体重移動の連続で前に進むと、前傾姿勢になります。上半身が先に出て、足は後からついてきます。

うまく「前傾」になれない人の練習方法

前傾姿勢がうまくできない人は、一度「猫背」で走ってみましょう。ただ背中を曲げるのではなく、極端な前傾によって、足が自然とついてくる感覚を養います。これくらい極端なイメージをもって「体重移動」を覚えましょう。

きます。体重移動でランニングを行う場合、見た目は常に「前傾姿勢」となります。筋力を余計に使う後傾姿勢になってはいけません。この時、〝上半身が先に前へいき、足が後ろからついてくる〟感覚をつかんでみてください。また、足が後ろからついてくるので、必然的に歩幅も狭くなります。覚えられれば、驚くほど軽く前へ進むことができます。逆にスピードが出すぎるので、オーバーペースにならないように注意してください。この走法の特徴は、一般的な教則本に書いてある「足を前に出して走る」方法とは違うという点です。足で走るのではなく、前傾の体重移動で前へ進むと、上半身が先に前へいくので、ヒザや足が上半身より前に出ないのです。これが、下半身の筋力を無駄に使わない、とても疲れにくい走り方なのです。

「体重移動」ができている形

体重移動で進むのはなぜなのか？　それは、エンジョイランの基本方針である「筋肉をなるべく使わない」ためなのです。下の形を参考にしてみましょう。

体重移動で進めているケース

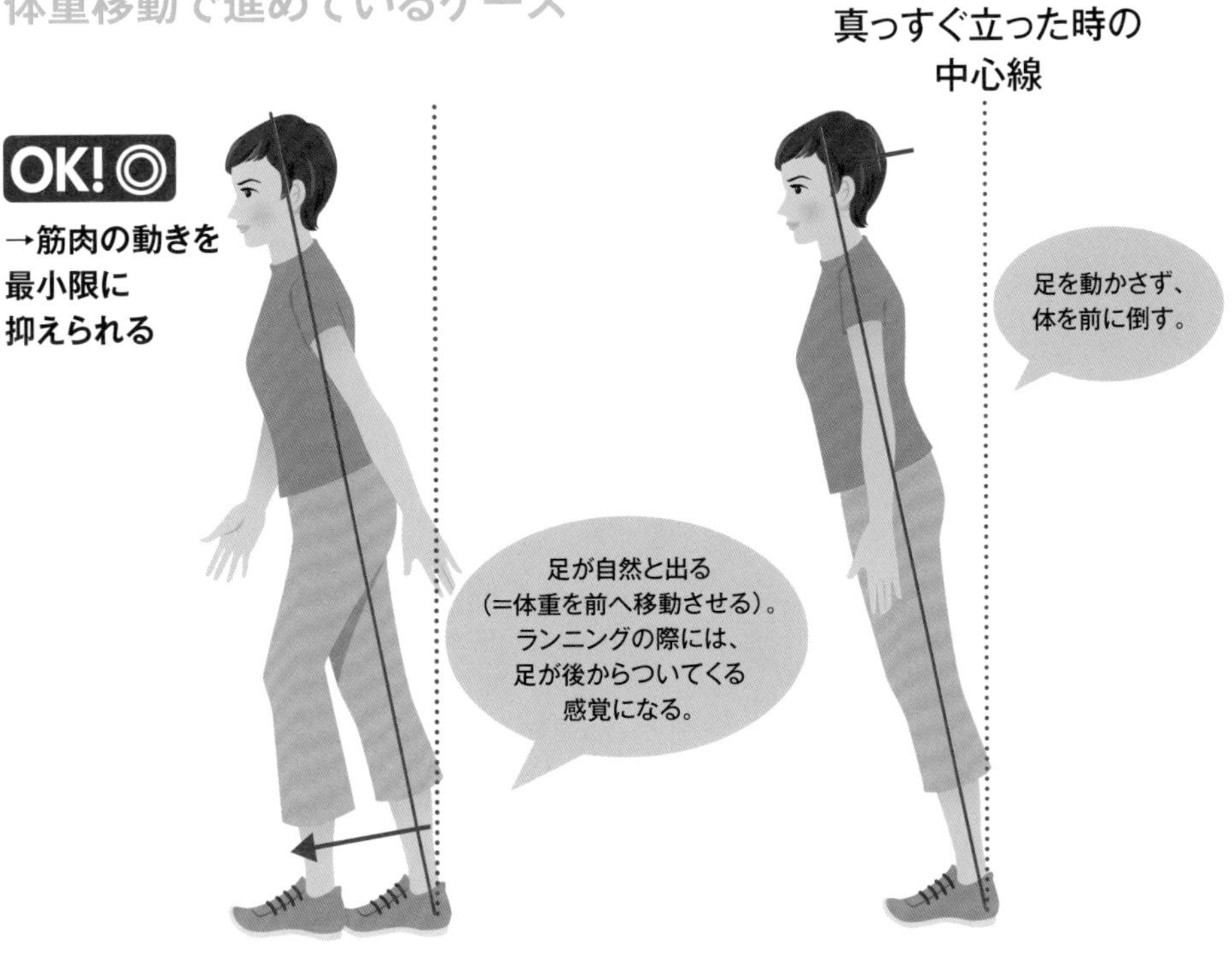
真っすぐ立った時の
中心線
OK!◎
→筋肉の動きを
最小限に
抑えられる
足を動かさず、
体を前に倒す。
足が自然と出る
(=体重を前へ移動させる)。
ランニングの際には、
足が後からついてくる
感覚になる。

ルール ③

重心の真下に着地する

足が「重心（骨盤）の真下」に着地できていれば、ヒザへの負担が減らせます。ランニング中に意識するのは難しいかもしれませんが、ルール②と③を覚えていれば大丈夫です。

前傾姿勢とセットで覚える足の負担が軽くなる走法

P60のルール②「前傾姿勢になって体重移動で進む」と、P64のルール④「蹴り上げずに小股で進む」の二つができるようになった人は、このルール③も自然とできます。「体重移動」で進んでいくと、上半身が先に前へ出て、足が後ろからついてくるような感覚のランニングになります。さらに小股で進んでいるので、足（かかと）が着地する場所は自然と「重心（骨盤）の真下」になっていると思います。

「真下に着地」ができている形

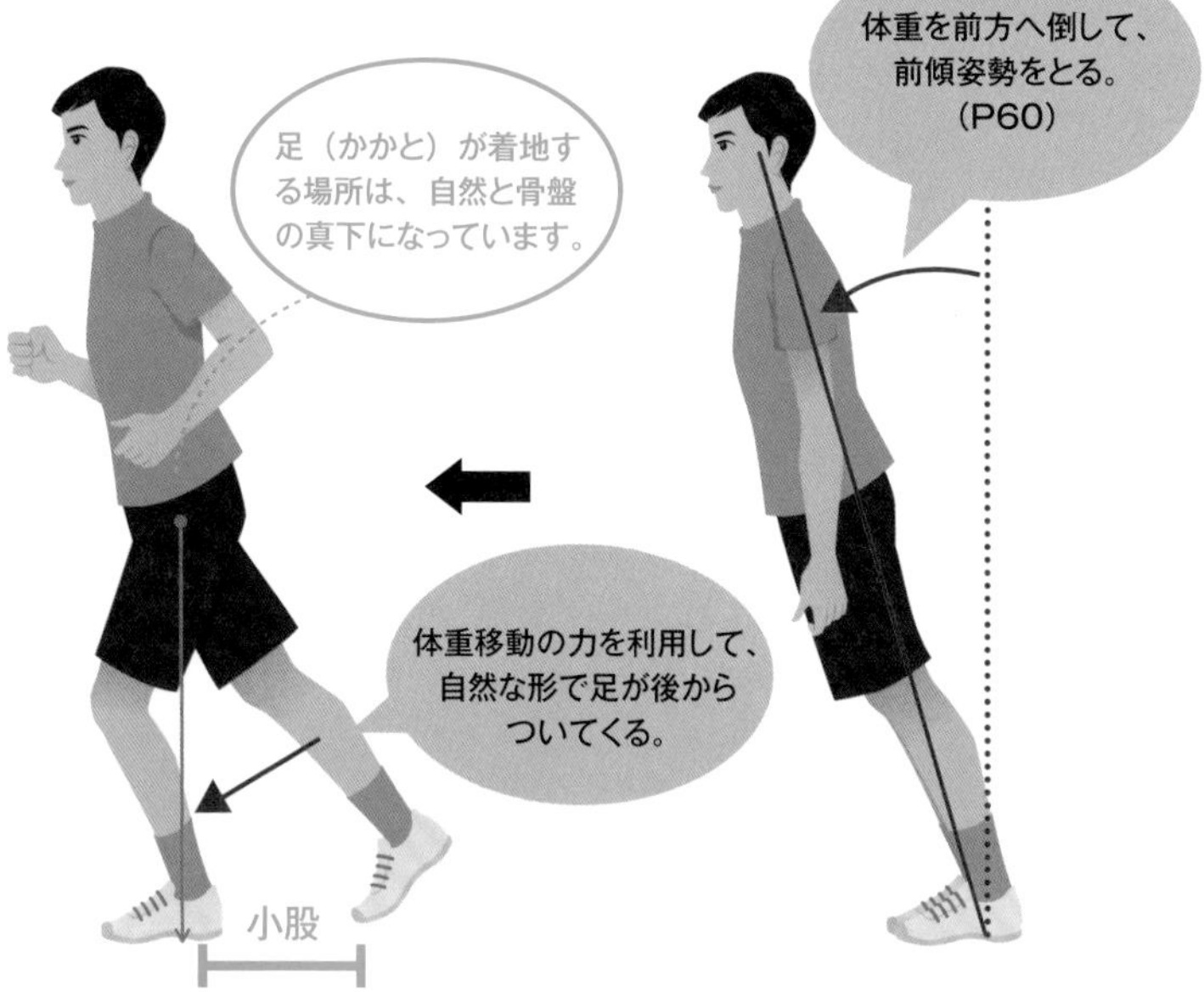

体重を前方へ倒して、前傾姿勢をとる。（P60）
足（かかと）が着地する場所は、自然と骨盤の真下になっています。
体重移動の力を利用して、自然な形で足が後からついてくる。
小股

OK!◎

骨盤の真下にかかとが着地している

直立姿勢の時と同じように、骨盤（腰の真ん中付近）の真下にかかとを着地させます。着地場所はこれより前方であってはいけません。この場所がヒザに一番負担をかけないのです。さらに、自然なフラット着地にすると疲れにくいです。

足を重心の真下に着地させる理由の一つは、ヒザへの負担を軽くするためです。着地する足が骨盤よりも前へ出てしまうと、衝撃や荷重などを支えているヒザへ大きな負荷がかかってしまいます。

また、たとえ「真下へ着地する」ことができていても、前傾姿勢になっていないといけません。かかとが骨盤の真下に着地した状態になっていても、上半身が直立したままで走ると足が先行してしまうので、足を前へ出す筋肉を使わなければいけなくなります。この状態で走り続けると、足の筋肉に負担がかかりすぎて、とても疲れてしまうのです。また、かかと着地よりも、自然なフラット着地の方が疲れにくいです。エンジョイランの基本である〝筋肉をなるべく使わない〟を実践するために、前傾姿勢と一緒に覚えましょう。

「真下に着地」が正しくできていない形

上半身が
前傾姿勢に
なっていない。
前傾姿勢になっていないと、足を前方に動かすために、余計な筋力を使うことになります。

かかとの着地場所が、
骨盤の真下よりも
前へ出ている。
足が前に出ることで、ヒザにかかる負担が大きくなってしまいます。

NO!✕

上半身が直立状態になっている

骨盤の真下に着地できていても、上半身が立ってしまうと、足の筋力を最小限に抑えられません。

NO!✕

真下よりも前方に着地している

足を前方に出しすぎると、その分だけ着地時にヒザへかかる負荷が大きくなります。走り続けるとヒザの故障の原因にもなってしまいます。

ルール④

蹴り上げずに小股で進む

「小股で、蹴り上げない」という走法は、一般的に推奨されている考え方とは反対です。しかし、〝楽に、長く〟走るためには、筋肉をできるだけ使わずに走ることが大切です。

「足の甲」が痛くなくなり、疲労もたまりにくくなる

エンジョイランでは地面を蹴り上げません。理由は、下半身後ろ側の筋肉への負担が大きくなってしまうからです。蹴り上げなければ必然的に小股になり、歩幅も狭くなります（左ページ上）。P60の前傾姿勢と組み合わせて、小股で前へ進みましょう。また、足が地面を離れる瞬間に、力を抜いて「蹴らない」ように足を送りましょう。地面を蹴ると、足先がグニャッと曲がり、足の甲やつま先に負荷をかけてしまいます。

一般的なマラソンノウハウとの違い

エンジョイラン

「地面を蹴り上げず
小股で進みましょう」

結果

疲れにくくなる

地面を蹴り上げるような進み方はしません。「走る」のではなく「進む」というイメージをもってください。小股の最大の利点は、筋肉をなるべく使わないですむ点です。「前傾姿勢」（P60）とセットで実践してみましょう。

一般的なマラソンノウハウ

「足を前に出して、
地面を蹴り上げるように
走りましょう」

結果

疲れやすくなる

足を前に出すように走ると、ヒザや足の甲への負担が大きくなります。さらに、実践すればわかりますが、故障や筋肉痛の原因にもなり得ます。

地面を蹴り上げないエンジョイランの足もと

蹴り上げて
いない足
小股

Point

「地面を蹴り上げない」ランニングは、イメージが湧きにくいかもしれません。一番左の写真を見てください。蹴り上げるのではなく、「地面から足が離れていく」ようなランニングのイメージがわかるのではないでしょうか（赤い丸印）。さらに、小股であることもわかります。

地面を蹴り上げる一般的なランニングの足もと

蹴り上げて
いる足
大股

一番左の写真に、蹴り上げる走り方の特徴が出ています。大股になり、足の後ろ側にある筋肉への負担が非常に大きくなっています。また、真ん中の写真を見てみましょう。つま先から足の甲が、グニャッと折り曲がっていることもわかります（赤い丸印）。

ルール
⑤

足を常に真っすぐ出す

足を真っすぐに出すなんて当たり前と感じる人も多いでしょう。そこで質問ですが、どうして真っすぐに出すのでしょう？　速く走るため、ではありません。ヒザなどを守るためです。

〝ひねり〟をなくせば、ヒザの故障もなくなる

ヒザにかかる負荷には、荷重（体重による負荷）、衝撃（動作による負荷）、ひねり（動作による負荷）の三つが挙げられます。特に、〝ひねり〟は回避しておかないとヒザの靭帯《じんたい》を痛めてしまいます。エンジョイランでは、つま先（足）を真っすぐに出して走ることで、ひねりを回避します。これを体に覚えさせる方法が「2本のレール」（P58）で、足をひねらなければヒザへの負荷が軽くなります。

\\ 数字で認識しよう! //

ランニングによるヒザへの負荷

走る時にヒザへかかる負荷は、体重の4～5倍、一説には10倍ともいわれます。それだけの負荷をヒザに与えていると認識し、故障の少ない走り方を目指しましょう。

・歩く→体重の２～３倍の負荷

・**走る**→体重の**４～５倍**の負荷

体重60kgのランナーが、
1分160歩のテンポ（歩数）で1時間走る

300kgの重りが**4800回**も
片ヒザに負荷を与えている!

計算方法
（60kg×5倍＝300kg、160歩×60分÷2＝4800回）

つま先を真っすぐに出している形・つま先が外側に向いている形

つま先（足）を真っすぐに出さないと、ヒザの靭帯がひねられて損傷する可能性が高くなってしまいます。ランニング中のヒザには、さまざまな負荷がかかっていますので、気になる人はP116「なぜヒザが痛くなるのか?」と合わせて、故障の原因を知っておきましょう。

真っすぐ立っている状態のヒザ

下の図は、人が直立している時のヒザの状態を表しています。靭帯が骨と骨をくっつけているのがわかります。

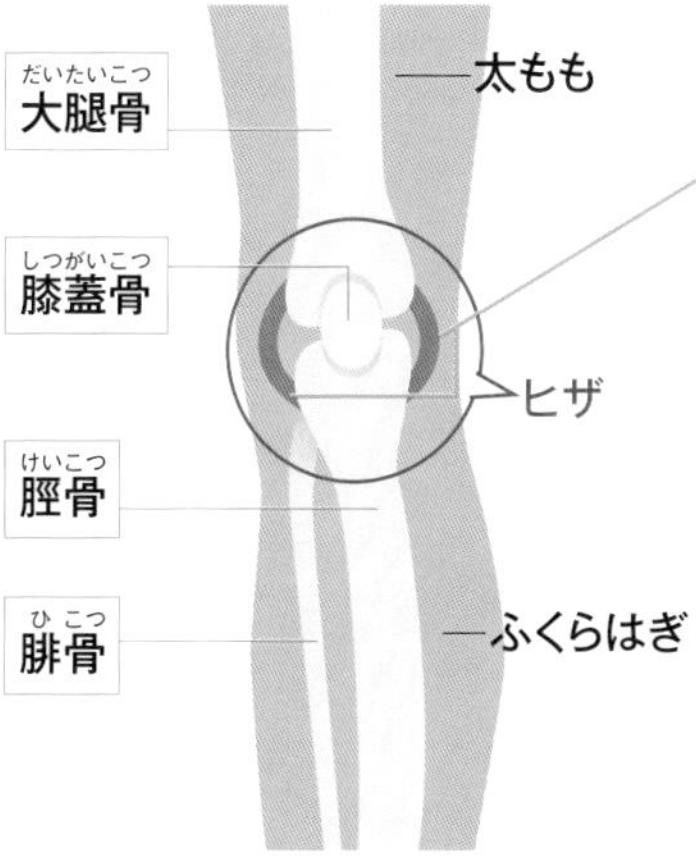
大腿骨《だいたいこつ》
太もも
膝蓋骨《しつがいこつ》
ヒザ
脛骨《けいこつ》
腓骨《ひこつ》
ふくらはぎ

靭帯《じんたい》

（内側側副靭帯《ないそくそくふくじんたい》・外側側副靭帯《がいそくそくふくじんたい》）

大腿骨と膝蓋骨、脛骨を、テープで貼るようにつなげているのが靭帯です。他の骨と異なり、ヒザを構成する骨は組み合わさっているのではなく、骨の上に骨がのった状態。そのため、ヒザの靭帯は強力ですが、故障もしやすいのです。

ランニング中

つま先が外側に向いた状態のヒザ

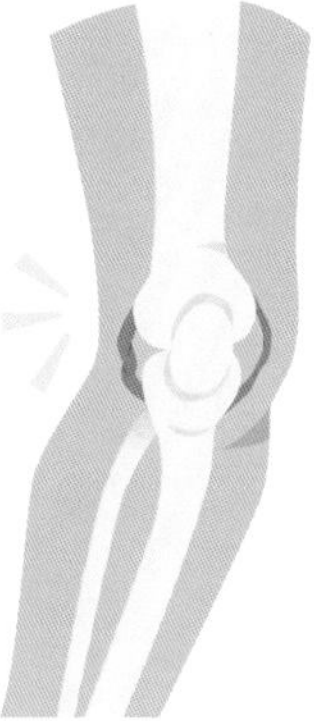

NO!✕ 靭帯をひねったまま動かしている

足を真っすぐ出さないで走ると、足が一直線になりません。靭帯もひねられ、張りやねじれができるため、損傷を起こす可能性が高くなります。

ランニング中

つま先を真っすぐに出した状態のヒザ

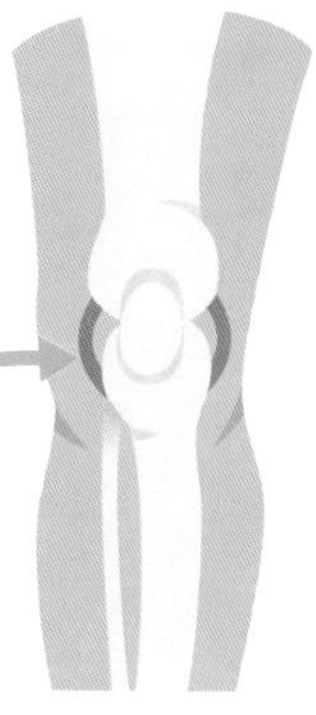

OK!◎ 靭帯が無理なくきれいに動く

太ももからつま先までが真っすぐなっていれば、直立した状態と見た目はほぼ同じです。靭帯にかける負荷は最小限になっています。

※本ページの図は、ヒザの内部を簡略化したものです

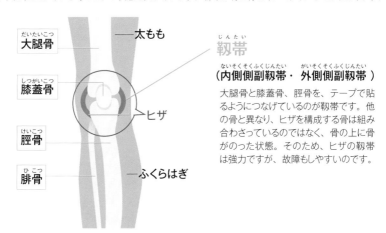

プラスαのルール

〝真ん中〟を意識して疲労を減らす

足が地面に着地する時、体重はどんなふうに足にのっていますか？　足は真っすぐ出ていても、体重が足の外側にのっていてはいけません。故障の原因になってしまいます。

足の真ん中に体重をのせて効率良く走る

どんなスポーツでも体重ののせ方でプレーの質が変わります。ランニングも例外ではありません。筋肉をなるべく使わない走りを実現するために、足の人さし指と中指の間あたりに体重をのせた〝真ん中〟のイメージで走りましょう。理由は、前へ進む推進力を足に最大限伝えることができるからです。さらに、ヒザ下の2本の骨（左ページの図）のうち、太い骨（脛骨《けいこつ》）に体重をのせることで、疲労をなるべく少なくした効率良い走りができるのです。

体重が「真ん中」にのっている形・のっていない形

× 外側に体重がのっている

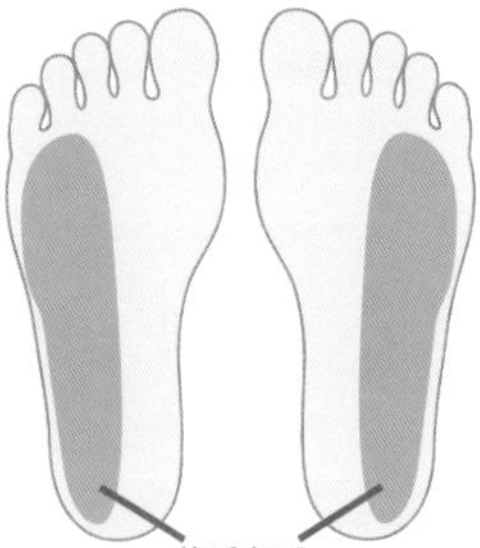
進行方向
荷重部分

◎ 真ん中に体重がのっている

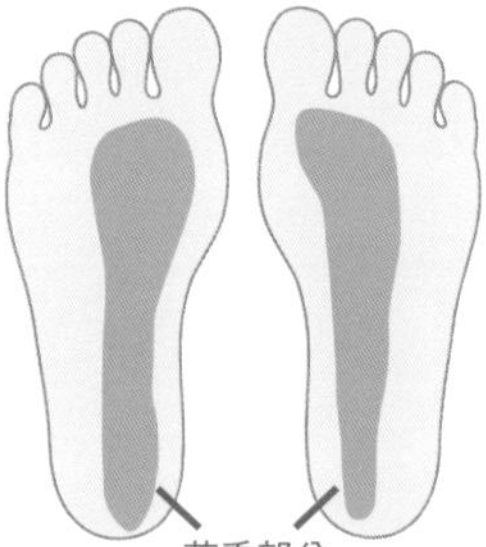
進行方向
荷重部分

→土踏まずがあるので実際には多少異なりますが、気持ちは真ん中に体重をのせてください。

左足

体重が外側にかかっています。そのため、靴の内側が軽く浮き、足が少し外側へ膨らみます。

靴の内側がわずかに浮いている

左足

太ももの内側をさらに内へとしぼるイメージです。つま先から太ももがほぼ一直線になります。

靴の内側がしっかり地面についている

負担の少ないランニングを実現!

“真ん中”を意識する理由

“真ん中にのる”とは比喩であって、実際には、足の内側に体重をのせるという意味です。その理由は大きく二つ。下の図でしくみを知って、トレーニングに生かしてみましょう。また、習慣的に体重が外側にのっている人は、「足を一直線にする（真ん中に体重をかける）」ことを目標にするより、さらに極端に「内側を意識」した方が身につきやすく、結果は良くなるでしょう。

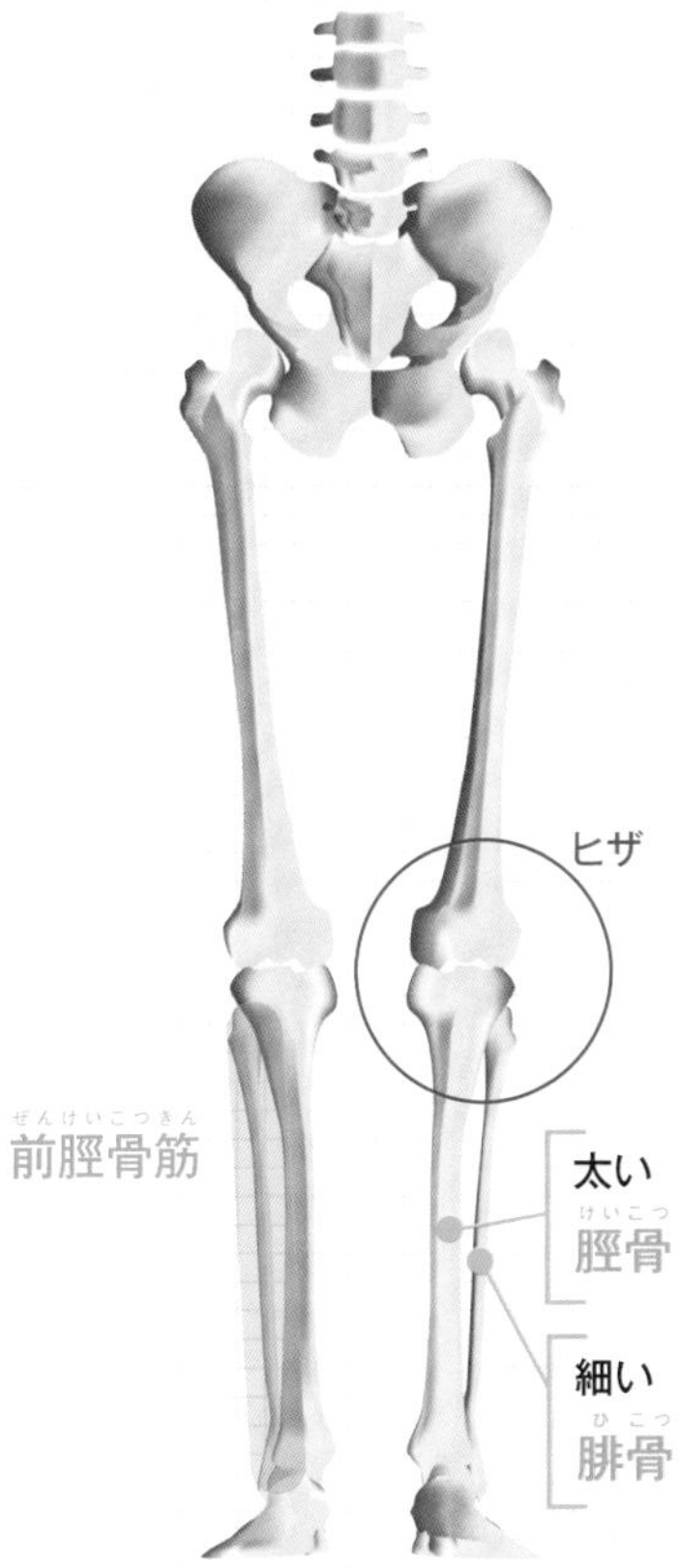

理由 1 骨の違い

腓骨《ひこつ》→外側にある細い骨
脛骨《けいこつ》→内側にある太い骨

同じ負荷をかけるならば、太い骨に体重をかけるべき

Point ヒザ下から足首までは、腓骨と脛骨の2本に分かれています。足の外側に体重がのる人は、体重の何倍もの荷重を細い腓骨で支えていることになります。ですから、太い脛骨に体重をのせましょう。体積の大きな骨の方が、故障しにくいのです。

理由 2 筋肉への配慮

張りやすい「前脛骨筋《ぜんけいこつきん》」への負荷を減らすべき

Point マラソンすると必ず負担がかかる筋肉があります。それが、脛骨の外側、腓骨の前側にある前脛骨筋です（図左）。足の外側についているので、体重が外側にのるとダイレクトに負担がかかります。前脛骨筋をなるべく使わないためにも、「少し内側を意識」すると習得しやすいです。

プラスαのルール

水平移動で脇腹痛をなくす

突然の脇腹痛に襲われて歩いてしまう――ランナーの誰もが経験するこの脇腹の痛み、実は、原因も解決法も単純です。しくみを知り、すぐに役立つ「水平移動」を覚えましょう。

脇腹痛の理由を知れば、レース中でも改善できる

ランニング中の脇腹痛の原因は単純で、体が上下動するために内臓が揺れているからなのです。

例えば、ペットボトルを持って走った時、中身の液体はバシャバシャと揺れることがわかります。もちろん同じではありませんが、ランニング中は内臓に対しても同じような負荷がかかっているのです。つまり、内臓が揺れて圧迫されるから痛いわけです。

解決方法は、「水平移動」を意識

して走ることです。水平に移動するとは、頭や肩の高さが変わらないように走るということ。もし、レース中に脇腹が痛くなったら、少しペースを落として、体が上下動しないように進めば、次第に痛みも落ち着くでしょう。

LEVEL UP!

「骨盤移動」で坂道をクリア!

水平移動がクリアできた人は「骨盤移動」ができます。骨盤移動はよく知られた走法で、右足を前へ出す時は右側の骨盤を前へ出す、左の時は左の骨盤を出す、というものです。エンジョイランの必須項目ではありませんが、坂道を走る時に役立ちますので一度試してみましょう。平地で練習して感覚がつかめたら、上り坂で実践してみてください。

右足を前に出す時

↓

右側の骨盤を回して、前に出す

左足を前に出す時

↓

左側の骨盤を回して、前に出す

プラスαのルール

呼吸は楽になだらかに〝6拍子〟で行う

ランニングをすれば、息が上がって当然と思っている人は多いでしょう。しかし、実は息が上がることさえも、筋肉のオーバーワークなのです。呼吸を整えて、楽に走りましょう。

ランニング中であっても、普段通りの呼吸が理想

運動をすると心拍数が上がりますが、楽に走るには、心拍数をできるだけ上げない方が良いのです。なぜなら、心臓という筋肉に必要以上の負担をかけたくないからです。

では、心拍数を平常時に近い状態でキープするにはどうすれば良いのか。ここで登場するのが「6拍子の呼吸法」です。

ランニング中の呼吸は、日常生活と同じように行うのが理想ですが、実際にはなかなか難しいので、歩数

6拍子の呼吸のイメージ

1歩目
→吸う
2歩目
→吸う
3歩目
→吸う
イメージ
吸う

に合わせて息をするのです。3歩進む間に息を吸い、次に3歩進む間に息を吐くように走ってみましょう（図下）。6歩で呼吸1回なので〝6拍子〟というわけです。

重要なのが「スッスッスッ、ハッハッハッ」と呼吸するのではなく、「スーーー、ハーーー」と滑らかに1回の呼吸を行う点です。音楽でいえば、スタッカートではなくスラーで呼吸する、というわけです。

このくらいの呼吸間隔が深呼吸にも近いので、心臓に負担をかけることなく走ることができます。

慣れてくれば、鼻から吸って、口から息を吐くようにします。日常と同じくらいのリズムで呼吸することを心がけましょう。

Point

- **足運びに合わせて呼吸を行う**
- **6歩で呼吸1回を行う（⇩6拍子）**
- **「スッスッスッ、ハッハッハッ」ではなく、「スーーー、ハーーー」と呼吸する**

6歩目
→吐く
5歩目
→吐く
4歩目
→吐く
吐く
呼吸量の

Column 3

＼＼“ありがちミス”は早めに防ごう!//

ビギナー相談室

よくあるランナーからの質問

Q.

よくいわれる「背筋を伸ばして、天から頭の上を引っ張られるようなイメージ」というフォームができないのですが……

A.

きれいなフォームより、ケガをしないフォームが大事です。

マラソンの時だけきれいな体勢を意識するのは難しいことです。その固定観念がケガや故障を引き起こします。「エンジョイラン」では、あなたにとっていつも通りの自然な体勢で、楽に力を抜いて走ることをお勧めします。“きれい”を目指すと余計な筋力が必要で疲れます。普段から猫背の人は猫背で、右肩が下がっている人は下がったままで良いのです。あなたが一番楽な状態で、2章(P55～)で紹介したルールを実践してみてください。

Chapter 3

日常でできる完走メソッド

基本をマスターしたら、
さらに実践的な走法を覚えましょう。
２章で紹介した「５つのルール」以外に、
完走のために、
日常のランニングに取り入れてほしい
「エンジョイラン」の応用編を
ご紹介します。

Routine
for the race

ランニング前

〝関節〟が痛い人のためのウォームアップ

ランニングに限らず、普段運動をする前にはストレッチを行います。にもかかわらず、走り始めるとヒザが痛くなることがあるのは、どうしてなのでしょうか?

体だけではなく、関節も温めると痛みが減る

中高年ランナーに多い悩みが、「走り始めはいつもヒザが痛い」というものです。このヒザの痛みは、〝関節液〟が不足しているために起こります。股関節が痛い、という人にも同じことがいえるでしょう。

関節の内部では、軟骨の動きを滑らかに、効率的にするために関節液が分泌されています。関節液は関節を動かすことによって分泌されるしくみになっていて、関節液が適度に出ていれば、運動をしても痛みが出

ランナーのよくある悩み

走り始めは、ヒザや股関節が痛いんだよね…

- ストレッチは常に行っている
- 運動後のケアも行っている

理由

筋肉は温められているが、
関節を温められていない。

解決方法

ウォーミングアップ時に、関節を動かす運動を追加する。関節を温めて「関節液」が出るように体の準備をする。

にくいのです。年齢が若いうちは、少し動くだけでたくさんの関節液が出るのですが、年齢が上がるにつれて分泌されにくくなってきます。そのため、走り始めにヒザや股関節が痛くなるのです。

また、軽くストレッチをしただけで、あまりウォームアップをせずに走り始める人もいます。このような場合にも、関節が痛くなってしまいます。

解決方法は、走り始める前に、適度に関節を動かしてあげることです。関節の痛みで悩んでいる人は、関節液を分泌させるためのヒザと股関節の運動（図下）を取り入れてください。ウォームアップでは、体と同時に関節も温めましょう。さらに、ランニング前後に10～15分のウォーキングをしてみましょう。

LESSON !

関節の痛みをなくすウォームアップ

いつも通りにランニングをする前に、「ヒザ」と「股関節」を下の写真のように動かしてみましょう。屋外で簡単にできて、なおかつ、関節液をしっかりと分泌させるための動きです。運動前に行い、ランナーを悩ませる“走り始めの関節の痛み”を解消しましょう。

股関節の運動

壁などで体を支えます。ヒザを上げられる高さまでもち上げて、体の左右にゆっくり動かします。股関節が動いているか確認してください。片足あたり往復20回ほど行いましょう。

ヒザ関節の運動

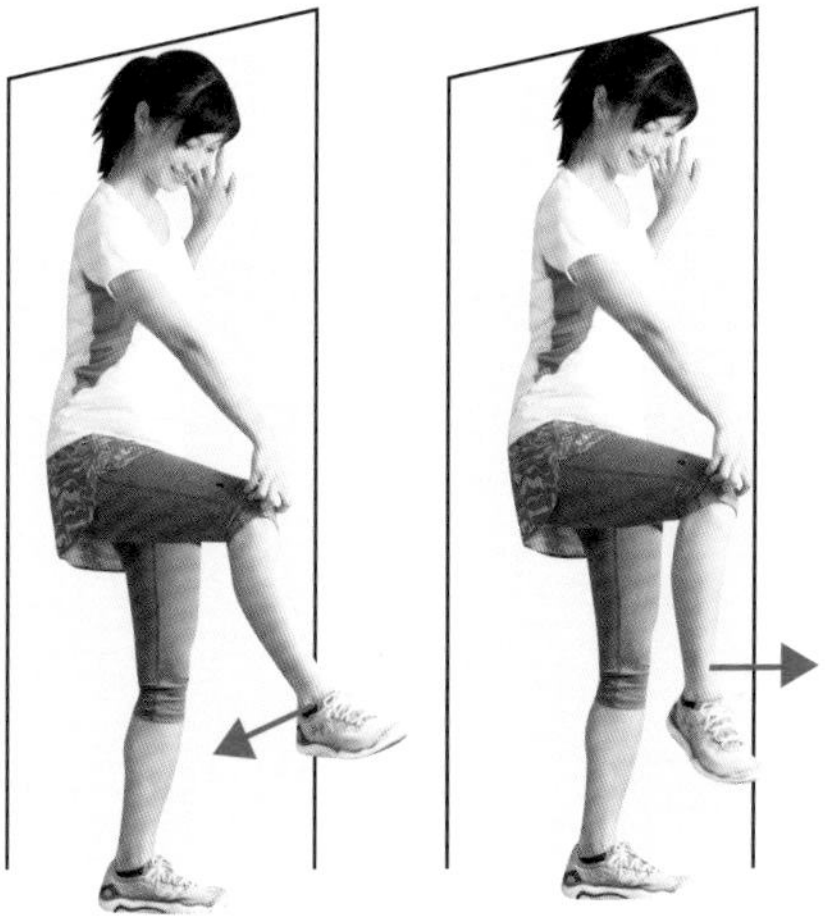

片手を壁などにつき、ヒザをわしづかみにして、ヒザ下を往復20回ほどぶらぶらと前後させましょう。ヒザの痛みがよく出る場所をつかんでおくと効果的です。この時強く振らずに、軽く振る程度でOKです。

ランニング前

「3つのコース」でがんばらずに完走する

限界までがんばらないと、充実感を得られないというタイプのランナーもいますが、ランニングを楽しく、故障なく長続きさせるには「がんばらないこと」が大切な要素の一つです。

プラスのイメージがフル完走をもたらす

初心者のうちは、途中でバテてがんばりきれなくなることがあります。しかし、そこであきらめてしまってはいけません。理由は「疲れて歩いてしまった」というマイナスの事実を脳が記憶するからです。ランニングのマイナスイメージをため続けると、フルマラソン完走のために必要な精神力が養えません。体調が良くない時でも「歩かずに完走した」というプラスイメージをもつ習慣をつくりましょう。

具体的には、日頃走るコースに、距離が〝短い・普通・長い〟の3つを用意しておきます。ポイントは、まったく異なる3コースではなく、同じルートを経由させる3コースになっていることです。もし長距離のコースを目標に走り始めても、体調が悪いと感じたら、途中で短距離コースに切り替えます。そうすれば、「体調が悪くても走り切れた」というプラスイメージを脳が記憶します。あきらめないで最後まで走れるという気持ちを根づかせましょう。「完走」の積み重ねが、やがてフルマラソン完走へとつながるのです。

Point

体調が良くない時や、ランニング中に気分がのってこない時でも、走った後に「良いイメージ」を残すことを優先させましょう。長距離を走れなくても、「完走する」ことが結果的には良い影響を生んでいきます。ただし痛みが出た場合は、その瞬間にランニングをやめましょう。

NO!✕

長い距離を無理して走る

→途中で歩いてしまうと、「ツラい」イメージが脳にインプットされていく。

OK!◎

短い距離を楽して走る

→気持ちを切り替えて、短く切り上げて完走する。「楽しい」イメージを脳に記憶させる。

短い・普通・長い「3つのコース」の例

距離の長短をつけた3つのコースを用意した後は、その日の体調に応じたランニングを行うことを心がけていきましょう。大事なのは「今日は完走した」という気持ちです。

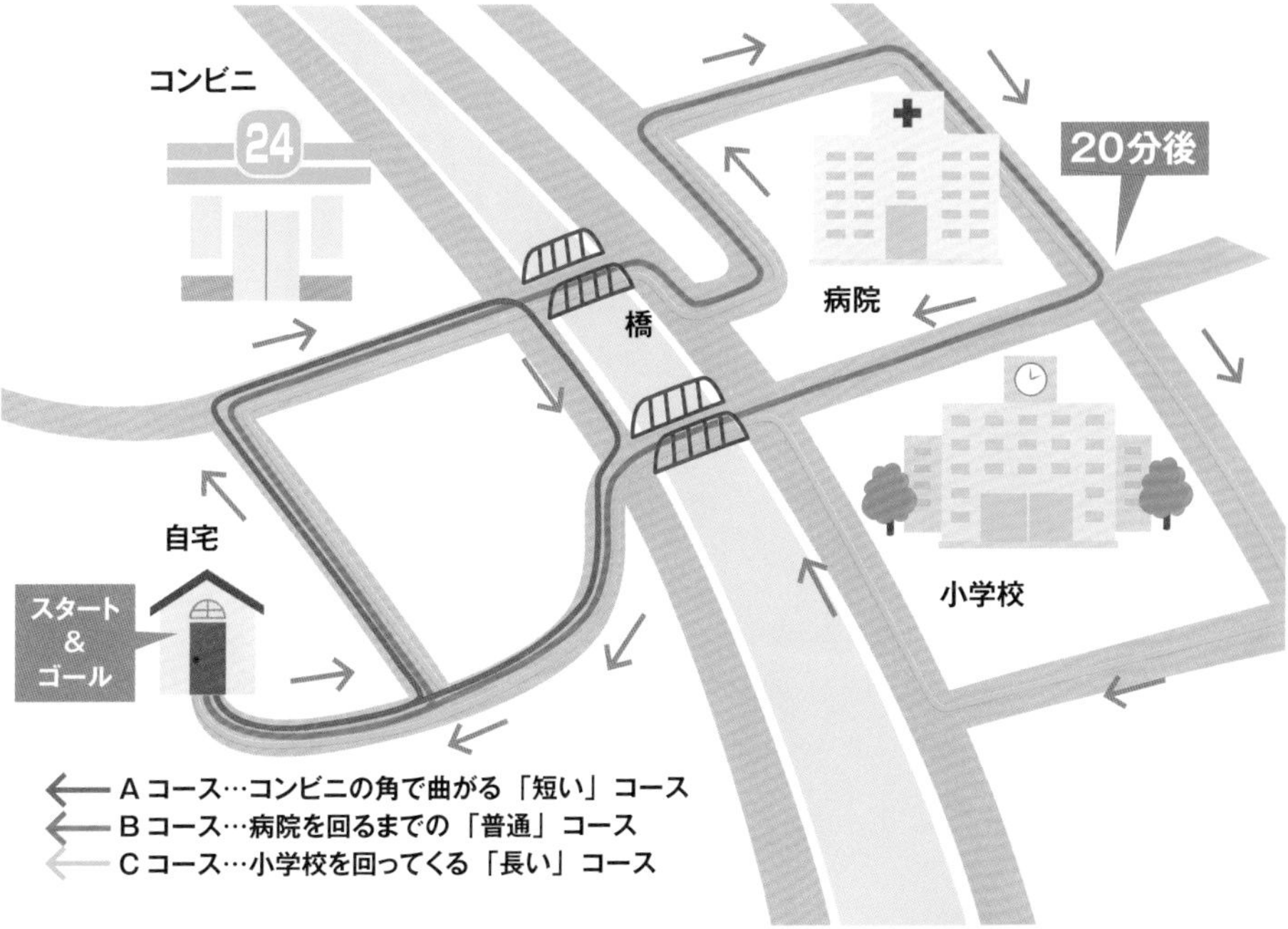
コンビニ
24
20分後
病院
橋
小学校
自宅
スタート&ゴール
Aコース…コンビニの角で曲がる「短い」コース
Bコース…病院を回るまでの「普通」コース
Cコース…小学校を回ってくる「長い」コース

20分後
Cコースのつもりで出てきたけど、やっぱり少し疲れが出てきたから、無理せずBコースにしておこう!
病院
スタート
今日は一番距離の長いCコースにチャレンジしよう!
自宅

同じルートを経由して、その日の調子で距離が変えられる。良いイメージのまま完走できる。

出発前にどのコースを走るか決めてスタートし、走りながら自分の体調を見定めていく。

ランニング前

靴と足を一体化させる

見逃しがちですが、ケガなく長く走るには、靴の履き方も大切です。マメだって、つま先の痛みだって、ケガの一つです。上手に履けば「マメがすぐできる」という悩みだって改善されます。

かかとをホールドすれば足の痛みが減る

足にマメができやすい、つま先が靴に当たって爪が黒くなる、はがれる、これらの症状の人は靴の履き方を見直しましょう。

一番気をつけるべき点は、ベロ（シュータン）と両サイドにある羽根部分が、〝足の甲にぴったりと添う〟ように履くことです。まずはベロを引っ張り上げ、両サイドの羽根を足の甲になでつけ、最後にゆるみがないように紐を締めます。かかとがしっかりホールドされて、簡単に

「靴の履き方」の流れ

足先に故障やケガが多いランナーのために、エンジョイラン式の正しい靴の履き方をご紹介します。

① ベロを引き上げて、かかとを叩いて整える

靴に足を入れたら、ベロ部分を引っ張り上げます。その時、かかとをトントンと地面に叩いて、かかとの位置を整えます。

② 両サイドを引き上げ、足の甲に沿うようになでつける

片方の羽根部分を引き上げて、足の甲に沿わせるようになでつけましょう。どちら側から始めてもOKです。

前後左右に動かない状態をつくりましょう。
靴と足が一体になれば摩擦が起こらなくなるので、マメもできにくくなり、つま先などの痛みも緩和されます。

3 つま先の方から順に靴紐を締めていく

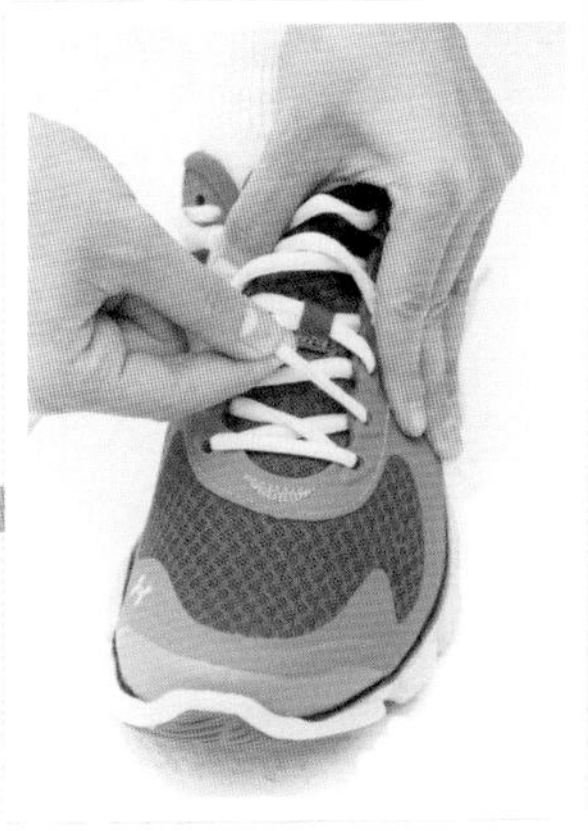

紐をきつく締める必要はありません。足の甲と、ベロ・羽根がしっかり密着している状態をキープできれば良いのです。

プラスαのコツ

羽根を足の甲に沿わせると同時に、靴紐を下から締めていきましょう。

4 ベロと両サイドを軽く引っ張り上げ、紐がゆるまないか確認する

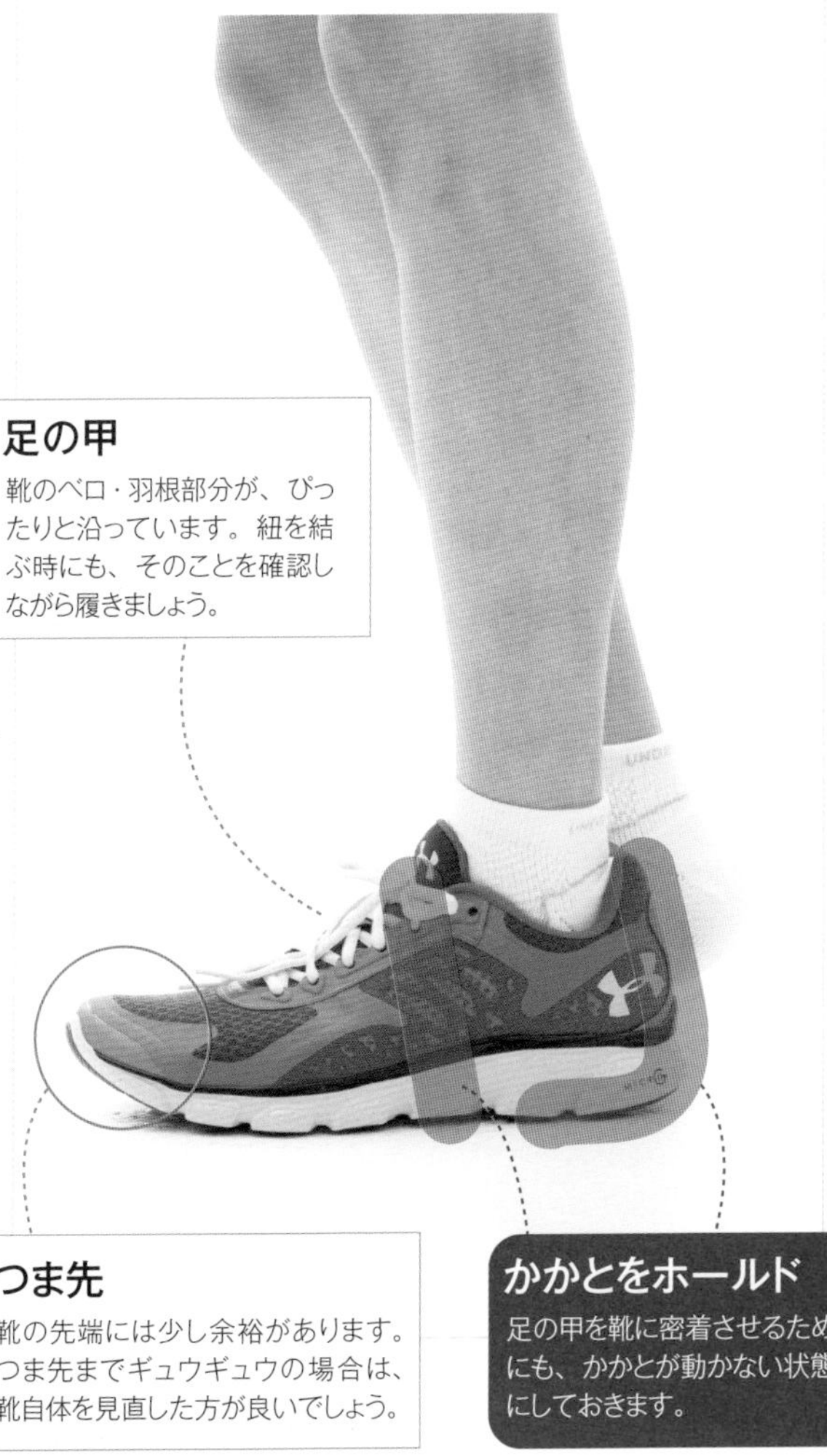

足の甲

靴のベロ・羽根部分が、ぴったりと沿っています。紐を結ぶ時にも、そのことを確認しながら履きましょう。

つま先

靴の先端には少し余裕があります。つま先までギュウギュウの場合は、靴自体を見直した方が良いでしょう。

かかとをホールド

足の甲を靴に密着させるためにも、かかとが動かない状態にしておきます。

最後にもう一度、ベロと羽根を軽く引っ張って、紐がゆるまないか、足の甲との密着度を確かめましょう。うまく履けていれば、**靴の中で足が前後左右に動かない状態になります**。つま先には隙間があり、かかとがしっかりとホールドされているはずです。

ランニング中

水分の摂取量とタイミングを決める

スポーツをする際は、こまめに水分を補給しましょう、とよくいわれます。では、実際の「こまめな水分補給」というのは、いつ、どの程度行えば良いのでしょうか？

事前にタイミングを決めてひと口ずつ補給する

水分を補給する量と間隔は、気温、体格、健康状態、年齢などに応じた個人差がありますが、ここでは基本的な量を示します。ランニング中の水分補給は、夏は15分、冬は30分に1回程度が良いでしょう。一回に飲む量はひと口かふた口（50mℓ～100mℓ程度）です。私はボトルポーチを腰につけて走り、夏場は信号で止まったらひと口、上り坂の手前でひと口など、タイミングを決めて何度か水分補給をします。P78で作っ

信号で止まったらひと口飲むなど、補給のタイミングを決めておきましょう。

た自分のランニングコースで摂取ポイントを決めておくと良いでしょう。また、走る前後にもコップ1杯の水を必ず飲みましょう。ただし、摂取量はランニング後に体重が増えない程度に抑えることが大事です。

日常のランニングの目安にしよう!

水分補給の具体例

私が実践している水分補給の目安を紹介します。必要な水分量には個人差があるので、自分の体と相談しながら、補給量を決めていきましょう。

Before Running

ランニング前に 200mℓ 補給

＋

ランニング中

- 約10分後に通る橋でひと口
- 約20分後の病院の手前まで来たらひと口
- 赤信号で2回止まったらひと口

ひと口＝50mℓ程度

＋

After Running

ランニング後に 200mℓ 補給

Point 水分補給は夏場に限らず、冬場も重要です。熱中症の対策としても、水分をこまめにとるようにしましょう。また、いつもランニングの前後に体重を計測して、水を飲みすぎて体重増になっていないかチェックすることも必要です。

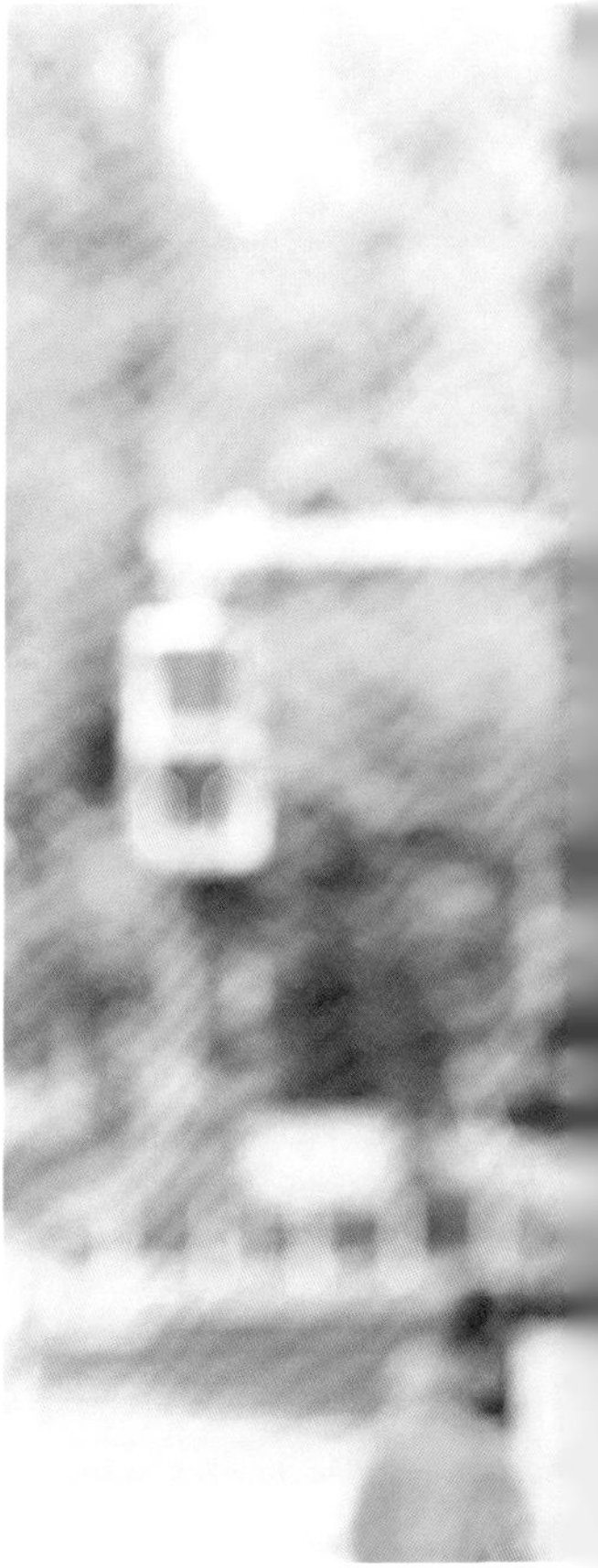

ランニング中

1分間の歩数に合わせて音楽を選ぶ

もし、疲れで足が前に出にくくなりはじめたら、音楽を使いましょう。曲とテンポ（歩数）をシンクロさせれば、いつも通りの足運びに戻すことができて便利です。

足運びの乱れは、音楽を使えば取り戻せる

1分間に、自分が何歩進むか数えたことはありますか？　まず、調子が良いときの歩数を数えてみてください。私の場合は約180歩で、音楽のメトロノーム記号だと「♩＝180」となります。こんなに速いテンポの曲は少ないので、半分の「♩＝90」の曲も含めて、いくつか選んで、音楽プレーヤーにストックしておきます。これを私はお気に入りの「マイテンポの曲」と呼んでいます。

ランニングをしていて「なんだか

調子が悪い時の音楽の使い方

1 自分の歩数を数えておく

1分間に左右合計で何歩足を出しているのか、普段のランニング中に把握しておきましょう。

2 「歩数」または「歩数÷2」のテンポの曲をストックしておく

♩＝90や♩＝88など、曲によってさまざまなテンポがあります。自分の歩数、または歩数の半分に近い曲を選び、どれが一番調子が良い時に合っているか、試しておきます。

今日は調子が悪い。うまく足が前に出ない」という状態になったら、マイテンポの曲を聴きながら、曲に合わせて足を動かします。この時に大事なのは、歩幅を狭くすることです。調子が悪い時でも、歩幅を狭くすれば回転数を上げられるため、調子が良い時の歩数に戻すことができるのです。歩幅を狭くしてでも歩数（テンポ）を良い状態にキープするこの走り方を、私は「マイペース（マイテンポ）走」と呼んでいます。足を一定のテンポで出せれば、心拍数が上がりにくくなり、楽に長く走れるのです。疲れてくると足運びが鈍くなるので、マイペース走を心がけるためのツールとして、音楽を使いましょう。また、レース中は音楽プレーヤーをもたないので、マイテンポの曲を思い出すことで、マイペースを取り戻すことができます。

3 足が出にくくなったら、「マイテンポの曲」に変える

坂道や長時間のランニング中は、気づかないうちに歩数（テンポ）が落ちてきます。足が動かなくなってきたら、いつもの「マイテンポの曲」を聴きましょう。

4 歩幅を変えて、いつも通りのテンポ（歩数）に戻す

調子が良くない時に普段通りのランニングはできませんから、歩幅は狭くしても良いのです。大事なのは、テンポ（歩数）を変えないこと。曲とシンクロさせていつものテンポを意識すれば、調子も戻り始めるはずです。

ランニング中

左右の歩幅を同じに調整する

ヒザや足首が痛む、といった故障の原因の一つには、左右の「歩幅」の違いも考えられます。普段のランニング中に意識してみて、故障の予防に役立てましょう。

原因不明の筋肉痛は、「歩幅の調整」で撃退する

普段と走り方を何も変えていないのに、ある時から突然筋肉痛が発生し始める——このような故障の原因で、一番気づきにくいのは「左右のバランスの違い」です。特に、「左右の歩幅の違い」は、筋肉痛を引き起こします。

ランニング中に限らず、私たちは歩く時も左右は同じ歩幅だと考えていますが、そんなことはありません。人間の体は完全に左右対称ではありませんし、筋肉のつき方

「歩幅の違い」による筋肉痛と解決策

「左右の歩幅」に差があると、ある瞬間から筋肉に張りや痛みなどの違和感が生じます。結果と原因をきちんと把握しておけば、似たような痛みが発生した時、対処法に気づくことができるかもしれません。

状況

- ストレッチはいつも通りに行っていた
- 過酷なトレーニングはしていない
- ケアも普段通りに行っていた

結果

ある日、右足のすねの筋肉痛に
悩まされ始めた

も人によって左右は違っています。そして、筋肉の左右のバランスが崩れると、骨格が歪みます。特に骨盤が歪んでしまうと「左右の歩幅」は微妙に変わってしまいます。骨盤のズレは誰にでも日常的に起こりうることです。そのため、日常で生じた歩幅のズレに気づかずランニングを続けると、突然の筋肉痛が襲ってくるのです。私の場合も、突然右足のすねが痛み始めて走りにくくなった経験があります。検証したところ、骨盤のズレによって、右足の歩幅がほんの少し広くなっていました。このようなケースは多々ありますので、ランニングの際に「左右の歩幅」を同じに保つことを日頃から意識して走ってみましょう。また、骨盤のズレを矯正するためには、股関節のストレッチ（P48）を行うのも有効な手だてです。

原因

右足の歩幅がわずかに広くなっていた

左足の歩幅を 90cm とすると、右足の歩幅が 95cm の間隔になっていた

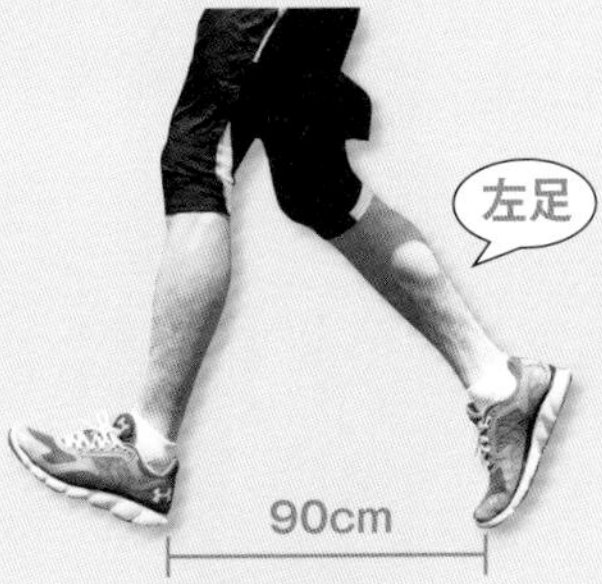

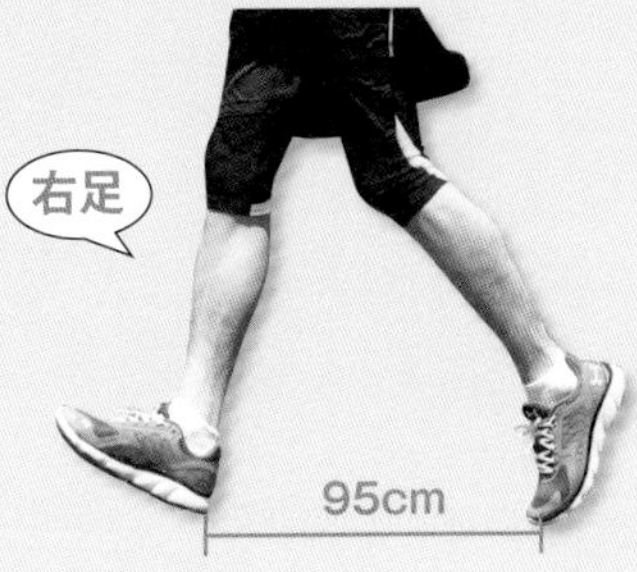

原因の検証

歩幅の違いを生んだ元凶は「骨盤のズレ」だった

骨盤がズレる要因

骨盤（骨格）は無意識のクセで歪みます。下の例以外にも、日常生活の「クセ」は無数にあるでしょう。

- いつも右足を上にして足を組んでいる
- 寝る前は常に右側を下にして読書をしたり、テレビを見ている
- カバンを右肩ばかりにかけている

etc.

解決策

骨盤矯正＋右足の歩幅を狭める

結果

すねの筋肉痛は解消された

ランニング中

走りながら自分でできる ランニングフォーム改善

ランニングフォームに絶対的な決まりはありません。自分にとって最適なランニングフォームこそが正解なのです。他人の走り方を教科書に、自分なりのフォームを探りましょう。

まずは誰かのマネをして自分のフォームを探してみる

とくに初心者の一般ランナーさんにとって、常に課題となるのがランニングフォームの改善。ランニングを題材とした書籍やネットの記事でもよく取り上げられるテーマです。

私のおすすめは、他のランナーさんの姿をよく観察しマネをするというもの。綺麗な走り方とそうでない走り方は、初心者の方が見ても一目瞭然です。すれ違ったランナーさんのどこがきれいなのか、どこがダメなのかを見極めて、自分のフォームに取り込んでみましょう。

人の走り見て我が走りを見直す！

他の人の走り方を観察すると、それぞれ微妙にランニングフォームが違うのがわかります。どれが自分に適しているのか——きっとヒントが隠れているはずです。

背筋は真っ直ぐ?頭の位置は?足の出し方は?腕はどう振っていた?など、ポイントを意識しながら出合ううランナーさんたちのフォームを観察し、後からマネしてみましょう。

あのカップルランナーさん、二人とも腰が立っていて姿勢が綺麗だなー
いますれ違った男性ランナーさん、上半身がよく振られて力強い走りだわ

ここで注意すべきは、固定観念は捨てるということ。ランニング関連の書籍やネット記事では、「こうあるべき」といった方法論が一律で紹介されていたりします。それは本書も含めてです。しかし筋肉や骨格など、人それぞれ身体的な個人差があります。そのため自分に合った方法を取り込むべきなのです。なるべく少ないエネルギーで、疲れにくく、故障しないよう走る、というのを目標に、自分なりのフォームを手に入れましょう。

しかし一方で、走る動作において、誰もが共通する原理原則も存在します。たとえば「上半身のねじれによって、下半身が勝手に動く」というもの。下の図のように、背中に「X（エックス）」を意識することで上半身と下半身を上手く使い、効率良く走ることができます。これは歩く動作にもあてはまるので、日常生活から意識しておきましょう。

背中に「X」を意識してみよう

足で走るのではなく、上半身で走るイメージができると楽になります。そのためには、足を前へ出す意識ではなく、上半身が動くから下半身が動く、連動の意識を持つことです。肩甲骨と背中のXが意識できれば、足は勝手に前へ出るようになり、楽に長く走れるようになります。

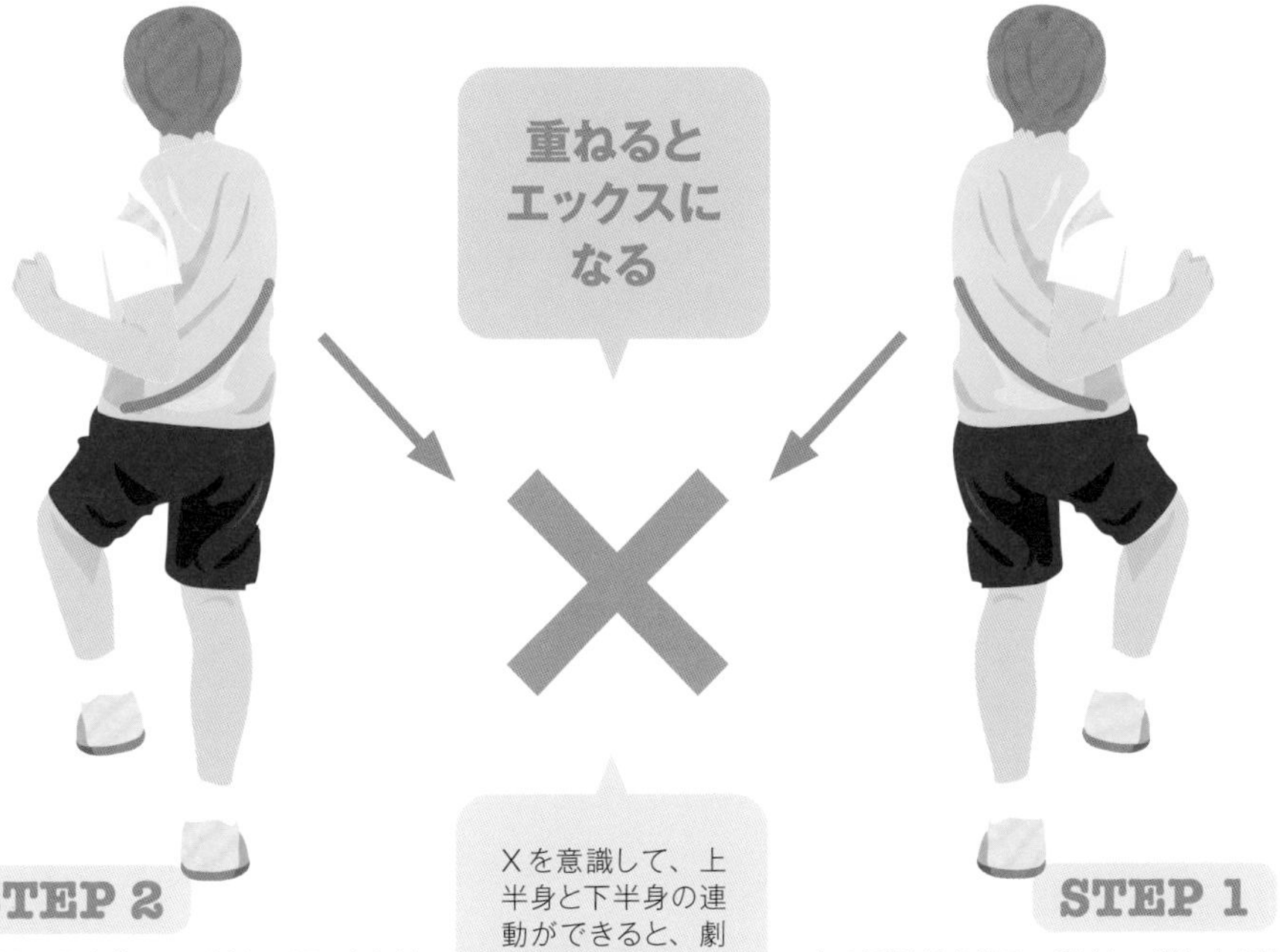
重ねると
エックスに
なる
STEP 2
STEP 1

左の肩甲骨を後ろへ引くと、腰にねじりが入り、骨盤左側が前へ出ることで、自然と左足が前へ出ます。

Xを意識して、上半身と下半身の連動ができると、劇的に楽に走れるようになります。

右の肩甲骨を後ろへ引くと、腰にねじりが入り、骨盤右側が前へ出ることで、自然と右足が前へ出ます。

ランニング後

ビギナーは「カレンダー記録」で三日坊主を防ぐ

ランニングを始めたばかりの頃は、体や気持ちがついていかないこともあります。マイペースで良いので、カレンダーに記録をつけ、無理がない範囲でランニングを楽しみましょう。

成果を残していけば自然と長続きする

夜遅くまで働いていたり、何年も運動から遠ざかっていた人が「今日から週2回のペースで走ろう！」と目標を掲げても、実行するのは難しいのではないでしょうか。ビギナーが陥りがちな失敗は、長続きせずに三日坊主になってしまうことです。気持ちがのらない、仕事や家事が忙しい、筋肉痛で嫌になった、などさまざまな理由があるでしょう。心身ともにつらい状態では長続きしませんし、無理をすれば故障のリスクも

エンジョイラン式

モチベーション・キープ術

“健康のため”に走るビギナーには、「1週間で△△ km 超、1カ月で□□□ km 超」といったハードなランニングは必要ありません。三日坊主にならないためにも、無理せず、楽に考えて走りましょう。

- 走った記録をカレンダーにつける
- 高い目標を掲げない
- 走りたくない時は走らない

結果 “楽に、長く”、健康のために走ることができる

Point 記録が目に見える点で、「カレンダー記録」はとても有効です。また最近では、スマートフォンの記録アプリなどを活用し、走ったコース（距離）やタイム、その日の体調を記録するランナーさんも増えてきているようです。

高まります。

そうならないためにも、10㎞やハーフマラソンの完走を目指すクラスのビギナーは、三日坊主を予防する方法として「カレンダー記録」を実践してみましょう。ランニングをした日、ウォーキングをした日などの印をカレンダーにつけるだけです。走った距離や時間も書き込み、満足した日の印は色を変えるなどして、目に見える形で自分のランニング成果を記録していくことが大事です。続けるうちに印をつけるのが楽しくなっていきます。

さらに重要なのは「無理な目標を立てずに、気楽に考える」ことです。例えば、「雨が降ったり、気がのらない時は、走らない」で良いのです。健康のために〝楽に、長く〟走るのですから、自分を必要以上に追い込んでまで走る必要はありません。

カレンダー記録のイメージ

いつも目にする場所のカレンダーに、ランニングやウォーキングなど、汗を流した日を記録しましょう。記録するのが楽しみになってきたら、ランニングをする習慣が自然と身についてきます。

◎ …ランニングした日（満足した日）
○ …ランニングした日
△ …ウォーキングした日

202□年□月

Mon	Tue	Wed	Thu	Fri	Sat	Sun
				1	2 ○ 20分	3
4	5	6	7 △ 30分	8	9	10
11	12 ○ 25分	13	14	15 △ 40分	16	17
18	19	20	21 ○ 25分	22	23	24 ◎ 40分
25	26 △ 45分	27	28	29 ○ 20分	30	31

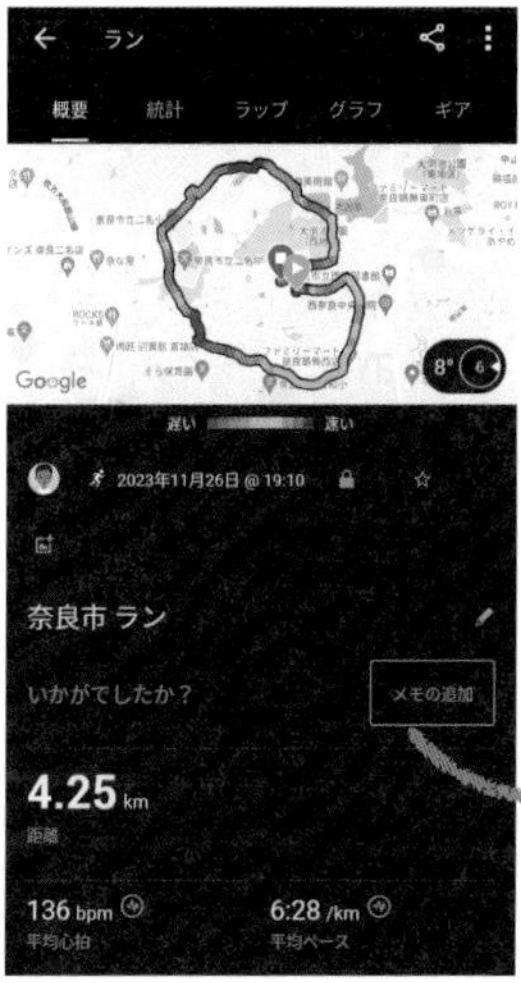

スマホで距離と痛みを記録

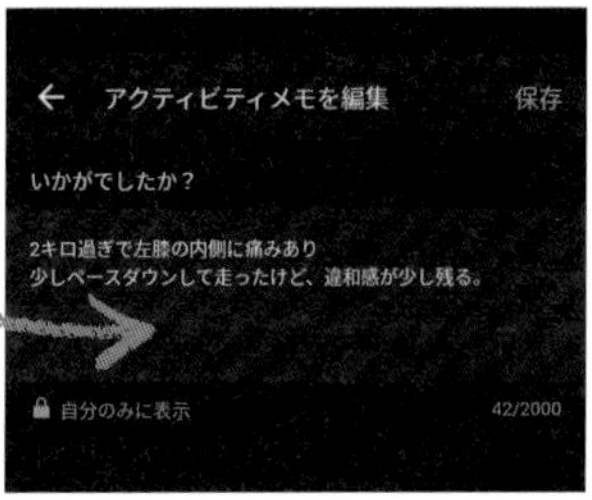

いちいちカレンダーに書き込むのがおっくうな人には、腕時計とスマホ連動型のランニング管理アプリをおすすめします。左の画像は、私が使っている「Garmin Connect」の管理画面です。走った道、距離、タイムなどが記録され、さらにはメモ機能に体の痛み具合等を記録しておくと後で役に立ちます。

左：「Garmin Connect Mobile」の画面

Column 4

\\“ありがちミス”は早めに防ごう!//

ビギナー相談室

よくあるランナーからの質問

Q.

**マラソンを始めたのですが、
どんな筋力トレーニングが必要ですか?**

A.

マラソンに筋トレは必要ありません。

筋肉は、「速筋《そっきん》」と「遅筋《ちきん》」の2種類に大きく分けられます。速筋は、瞬間的に大きな力を発揮する筋肉です。遅筋は、大きな力は出せないけれど、長い時間、力を出し続けることができる筋肉です。フルマラソン完走に必要な筋肉はこの「遅筋」です。一般的に知られた筋トレは速筋を鍛えるので、マラソンには不必要な筋肉を増やし、体重増となり不利です。サブスリー(フルを3時間以内で完走)などを目指すのでなければ、走る距離を延ばすか、走る日数を増やした方がはるかに有効なのです。走るだけで遅筋は鍛えられます。

Chapter
4

ビギナーのための
フルマラソン攻略法

基本をマスターしたら、さらに
実践的な走法を覚えましょう。
2章で紹介した「5つのルール」以外に、
完走のために、日常のランニングに
取り入れてほしい「エンジョイラン」の
応用編をご紹介します。

The Way to finish a
Full marathon

なぜフルマラソンが走りきれないのか？

普段は10～20㎞を楽に走ることができているのに、フルマラソンの大会で30～35㎞を超えた地点になると、歩いてしまうランナーが多いのはなぜなのでしょうか。

必要なのは「耐久力」走り方ひとつで完走は可能

フルマラソンの完走はビギナーにとっての憧れです。私がいう完走とは「給水ポイントやトイレ以外では止まらず、歩かず、走っている途中であきらめない」という意味です。今までにフルに挑戦して完走ができなかったとしたら、何が足りないのでしょう？　筋肉や精神力ではありません。足りないのは「耐久力」です。例えば、20㎞は楽々走れるのに、25㎞からヒザが痛み始め、結局30㎞で痛みがひどくなり歩いてしまう――

これが、耐久力が足りない状態です。

では、完走するにはどうすれば良いのでしょうか？　方法は二つあります。痛みや不具合が出ないような強度に体を鍛える、あるいは痛みや不具合が出ないような走り方をする、のどちらかです。もちろん、エンジョイランは後者を選びます。まず、自分の耐久力で足りない部分を知りましょう。そして、2章（P55〜）をベースに、不足分を補い、痛みや不具合の出ない走りを実践しましょう。

また、マラソンの「経験値」不足の可能性もあります。これを解決するにはロング走（長距離走）の経験を積むことです。ロング走の積み重ねは、経験を積むと同時に、自分の耐久力をテストでき（P96）、結果的に耐久力も上げられます。

“フル”が完走できない理由

耐久力が足りない

→疲れない走りを心がけ、少しずつ距離を延ばす

日頃の練習から、疲れにくくなる走り方を身につけましょう。また、関節や筋肉は急激に強くできるものではないので、練習で走る距離を徐々に長くしていきましょう。フルを完走するためには、1カ月あたり100～150kmほどの走行距離が練習量の目安となります。個人差がありますので、無理のない程度に走りましょう。

経験値が足りない

→大会前にロング走を行う

長時間、長距離を走って経験を養いましょう。3時間以上、30km以上のランニングを経験すればするほど、フル完走達成は近づきます（P96）。

ロング走で「耐久力」テストを必ず行う

P94で紹介した「耐久力」と「経験値」の不足を補うためには、ロング走を行うことが重要です。事前にテストしておいて、作戦を練った上でフルマラソン大会本番に臨みましょう。

事前に経験しておけば、ケガや痛みに対処できる

ビギナーがフルマラソン完走を目指すならば、本番に臨む3週間前までに、まずは自分の耐久力をテストしましょう。具体的には、レースと同じ格好や装備で、20㎞以上のロング走を行います。できる人は30㎞以上、3時間以上のロング走もこなしましょう。テストの目的は長距離を走ると自分の体にどのような反応が起きるのか、レース本番と同じ経験をすることです。ビギナーが個人練習で40㎞超を走りきるのは困難ですから、途中で何度も休みつつ、ゆっくりで良いので30㎞超まで経験してみてください。おそらく、想像もしていなかった痛みや不具合が発生するでしょう。また、体力が低下していく感覚をつかむことも大切です。私のフルマラソンの経験では、同じ休憩をしたとしても、疲れる前から積極的に休憩をとって走った場合と、行けるところまでがんばって走ってから初めて休憩する場合とでは、回復力に差が出ます（図左）。耐久力テストの結果をもとに、予想タイム表を作る（P100）など、作戦を練りましょう。

耐久力テストで現れる痛みや不具合

- ・ヒザ周辺が痛くなる
- ・足の裏が痛くなる
- ・足首に痛みが出る
- ・ふくらはぎがつる
- ・太ももがつる
- ・内転筋（太ももの内側）がつる
- ・足にマメができる
- ・足が前に出なくなる
- ・疲れで上半身が立ってしまう

etc.

フルマラソンで体力が低下していくイメージ

下図は「積極的に休憩をとるケース」と「行けるところまでがんばって走るケース」、2パターンの体力低下度をイメージしたグラフです。どちらも私自身のフルマラソン経験におけるイメージですので、フルに参戦する際の参考にしてみてください。

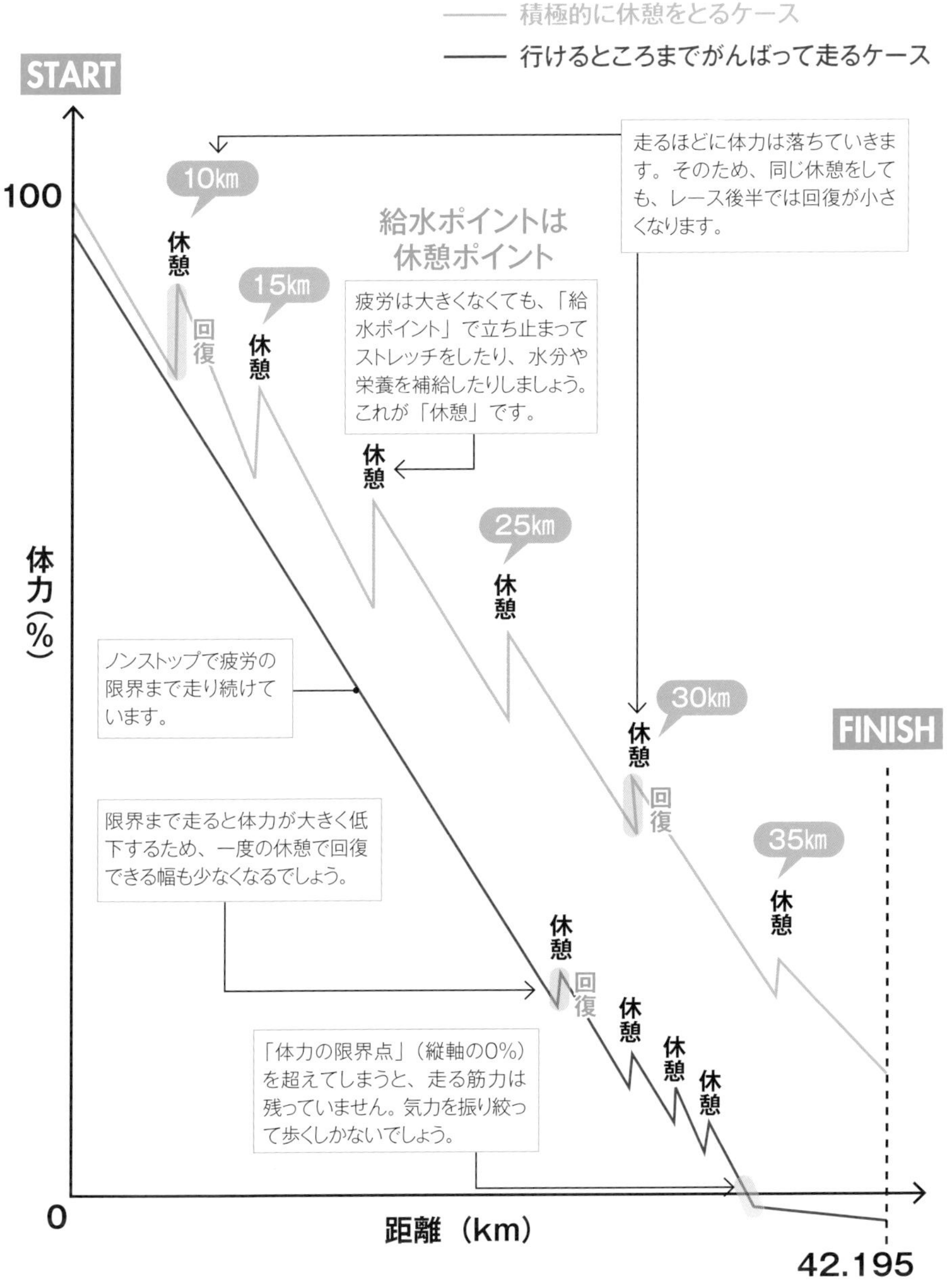

大会コースの試走を欠かさない

フル完走のための戦略を練るには、道を知らなければいけません。レース本番は車道も使うので同じ道を走ることは難しいですが、歩道を走れば、大会に近いイメージをもてるはずです。

知っている道は近く感じ、知らない道は不安

　フルマラソン最大の攻略法は、道を知ることです。知っている道を走る時は、ペース配分を考えられ、疲労を感じにくくなります。逆に、見知らぬ道では、無意識に心的ストレスをためてしまいます。「この直線はどこまで続くの?」「あのカーブを曲がった先はどんな道?」など、余計な気苦労をしないように、必ずコースを試走しておきましょう。

　また、ビギナーの場合は「分割試走」をするのが良いでしょう(図下)。

分割試走を行うイメージ

ここでは、私が走った奈良マラソン（2022 年版）の簡易コース図を使って、「分割試走」をどのように行うべきかを説明します。

※奈良マラソンでは、本コースを試走できないところがあります。そのような場合は、迂回路を走らざるをえません。大会によっては本コースを試走できないことがよくありますので、確認してから出かけましょう。

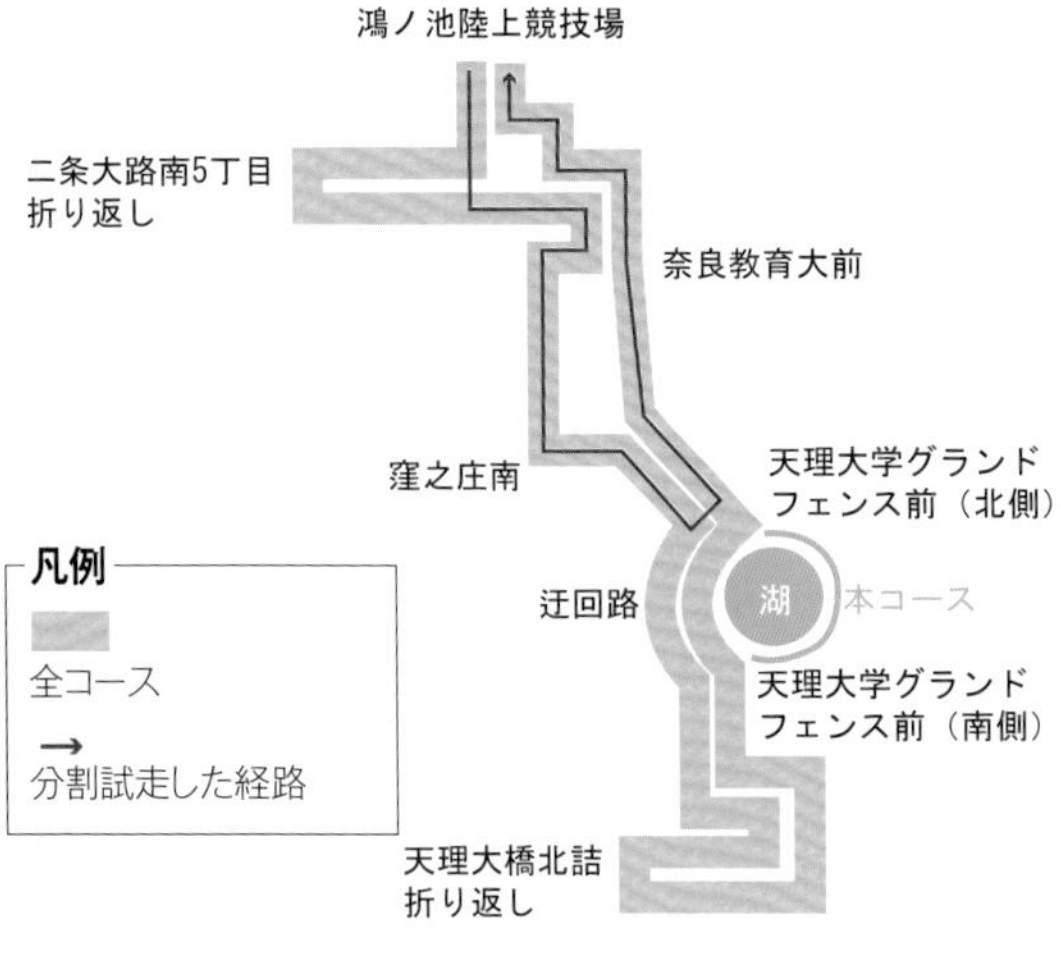

鴻ノ池陸上競技場
二条大路南5丁目
折り返し
奈良教育大前
窪之庄南
天理大学グランド
フェンス前（北側）
湖
本コース
迂回路
天理大学グランド
フェンス前（南側）
天理大橋北詰
折り返し
凡例
全コース
分割試走した経路

分割試走 1 日目　22. 2km

大会本番のスタート地点でもある「鴻ノ池陸上競技場」から走り始め、途中で引き返しています。

まず、参加するマラソン大会の公式ウェブサイトからコースマップを手に入れます。次に、数日間に分けて、コース全体を走ります。初めてフルマラソンに参加する時は、地元の大会、または試走に行ける程度の大会を選ぶことをお勧めします。

試走で確認すべきこと

試走では、知らないとストレスがたまりやすい下記のような「道の状態」を確認しておきましょう。

- **道の勾配（上り坂、下り坂）**
- **道の荒れ具合（砂利道、舗装が凸凹）**
- **カーブ前後の道**

Point 自宅から走り始めの場所まで車で移動しています。近隣の駐車場に止めておき、走り終えたら車で帰宅します。

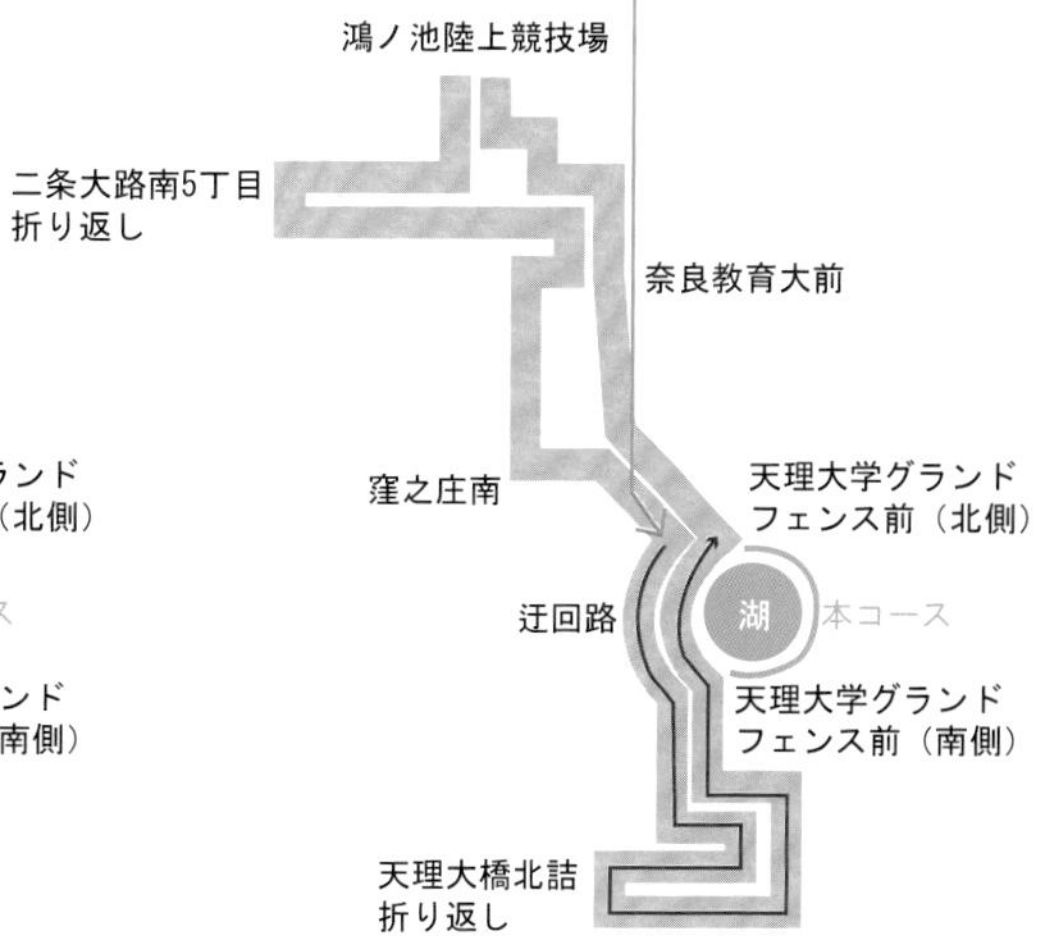
鴻ノ池陸上競技場
二条大路南5丁目
折り返し
奈良教育大前
窪之庄南
天理大学グランド
フェンス前（北側）
迂回路
湖
本コース
天理大学グランド
フェンス前（南側）
天理大橋北詰
折り返し

分割試走 2 日目 15.5km

1回目で走ったその先の「天理大学フェンス前（北側）～迂回路～天理大橋北詰折り返し～天理大学フェンス前（北側）」を走っています。

Point 1回目の試走で省略していた「二条大路南」コースも、分割試走を行うことで、本番前に走っておくことができます。

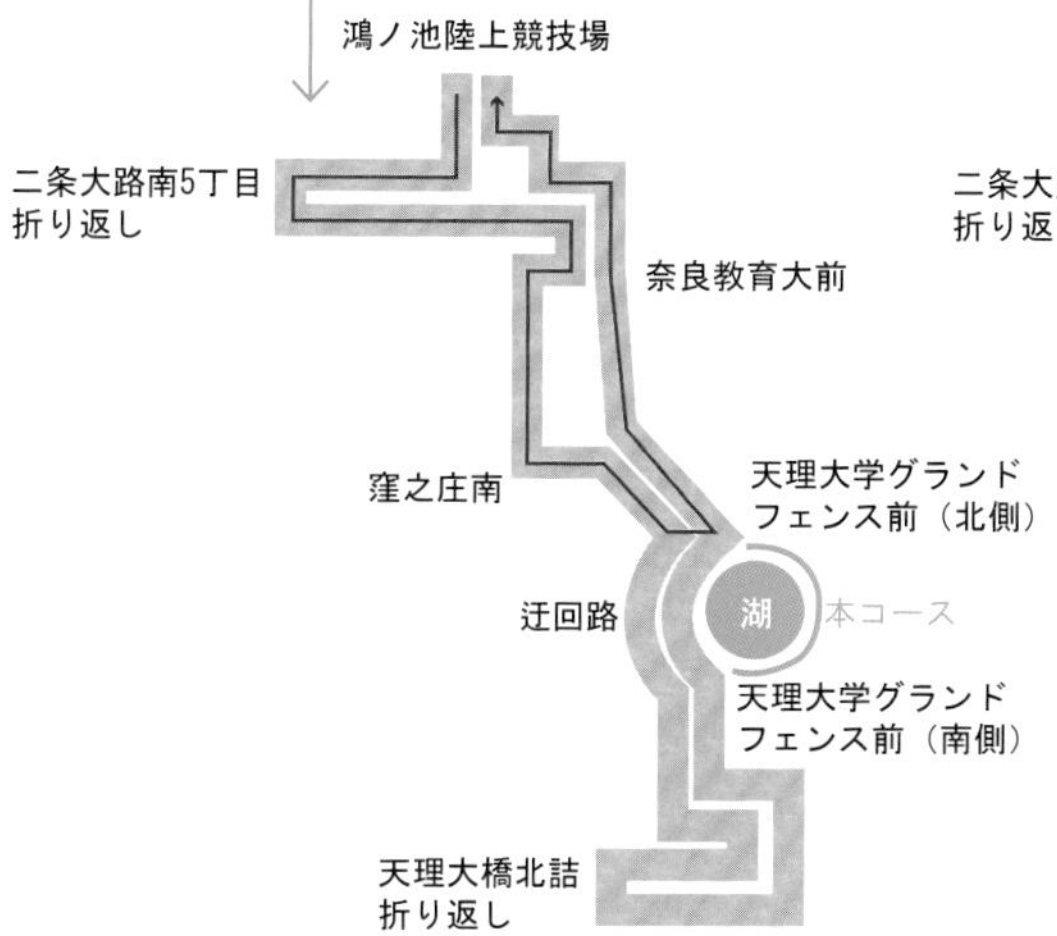
鴻ノ池陸上競技場
二条大路南5丁目
折り返し
奈良教育大前
窪之庄南
天理大学グランド
フェンス前（北側）
迂回路
湖
本コース
天理大学グランド
フェンス前（南側）
天理大橋北詰
折り返し

分割試走 3 日目 28.9km

まだ走っていなかった「二条大路南５丁目」方面をコース通りに走り、天理大学のフェンス前で折り返して帰っています。

予想タイム表を事前に作る

試走する時に、エンジョイラン式の予想タイム表を作成してみましょう。一度ペースを作れば、給水ポイントや坂道の時間も考慮した、オリジナルのタイム表を作ることができます。

楽な気持ちで走るには、「距離」ではなく「場所」

5、10、15、などと大会本番では5㎞ごとに距離表示板が立てられていることが多いです。そのため、1㎞ごとのラップタイムを想定し、5㎞ごとの通過タイムを計算した予想タイム表を作るのが一般的です。ランナーによっては、「後半になったらペースが落ちるから……」などと、自分なりの予想ラップタイムを考慮して作ることもあります。

もちろんそれでも十分なのですが、エンジョイラン式にアレンジし

一般的な予想タイム表

通常は、案内板が出ている距離表示を基準に、自分のタイムを予想していきます。試走ができない状態で本番を迎える場合でも、簡単に作ることができます。

距離	ラップタイム（分秒 /km）	通過タイム（時：分：秒）
5km	6分30秒	0:32:30
10km	6分30秒	1:05:00
15km	6分30秒	1:37:30
20km	6分30秒	2:10:00
25km	6分30秒	2:42:30
30km	6分30秒	3:15:00
35km	6分30秒	3:47:30
40km	6分30秒	4:20:00
GOAL 42.195km	6分30秒	4:34:16

Point
- 誰でも理解しやすい表になっている
- ラップタイムを決めれば試走しなくても作れる

た予想タイム表を作るのも良いでしょう。5㎞、10㎞という「距離」ではなく、A町△丁目の信号、B町の大きな交差点などと「場所」を基準にするのです。まず、事前に試走をしておいて、自分にとって目印にしやすい場所を決めましょう。次に、スタートからのおよその距離を割り出して、通過タイムを計算します。距離表示板は見逃す可能性がありますが、自分が決めた目印を見逃す心配はありません。

　また、トイレにかかる時間や、給水ポイントで行うストレッチに要する時間も、練習時に把握しておくことです。ビギナーは給水ポイントで休憩しますので、およその所要時間を知っておけば、タイムロスに焦ることも少なくなります。試走する時にこのタイム表をもって走り、確認することで、より安心感が増します。

エンジョイラン式の予想タイム表

交差点や学校、坂など、目印になる場所の名前が書いてあります。その横は距離表示です。何種類か想定されるラップタイムをあらかじめ書き出しておけば、本番で走っている時の自分のペースと照らし合わせることができ、非常に便利です。

ラップタイム 6分30秒/km ペースでの通過タイム	ラップタイム 7分00秒/km ペースでの通過タイム	目印となる場所	距離（km）
0:55:15	0:59:30	A町△丁目の信号	8.5
1:32:18	1:39:24	B町の大きな交差点	14.2
休憩（給水ポイント）			15.8
1:51:09	1:59:42	C通りの信号	17.1
2:10:00	2:20:00	D小学校のフェンス	20.0
2:26:54	2:38:12	折り返し地点	22.6
2:43:48	2:56:24	F幼稚園	25.2
休憩（給水ポイント）			28.3
3:15:00	3:30:00	G坂の手前	30.0
3:37:45	3:54:30	H町のコンビニ	33.5
休憩（給水ポイント）			34.1
4:00:30	4:19:00	I町□丁目の信号	37.0
4:31:42	4:52:36	J大学運動場	41.8
4:34:16	4:55:22	GOAL	42.195

Point
- 目印の場所を見逃す心配がなく、安心して走れ、給水ポイントまでの距離感や時間も把握できる
- 坂道などを考慮したタイム表にアレンジすることもできる

※休憩の時間は加味していないタイム表です

栄養分を摂取してエネルギー切れを防ぐ

マラソンを走りきるためには、たくさんのエネルギーが必要となります。エネルギーをつくり出したり、疲労回復を早めたりする食べ物を、こまめに摂取するように心がけましょう。

ブドウ糖やアミノ酸をレース中に摂取する

私が初めてフルマラソンを走った時、30㎞付近から空腹になってしまいました。レース途中でお腹が減るのは「エネルギー切れ」ということです。体を動かすエネルギーの元となるのはブドウ糖（グリコーゲン）。ブドウ糖は炭水化物を多く含んだ小麦製品（パスタ、パン、うどんなど）や米（ご飯、餅など）、豆類、いも類などを食べることにより体内でつくられます。マラソン大会によっては、コース途中にいろんな給食が用

ゼリーとジェルはもはや必須アイテム

手軽に栄養が摂れ、現在では数多くの種類が出ています。用途別や、おもに含有されている栄養成分の効果についてまとめてみました。

ゼリータイプ

栄養成分はジェルとあまり変わらないが、糖質や水分量が多く飲みやすい。比較的サイズが大きめなので、携帯するには若干かさばる。
ランニング前後に
摂取するのがおすすめ。

ジェルタイプ

栄養分が凝縮されたジェルが、薄い容器に入っており、ランニング中でも食べやすい。ゼリーに比べドロリとした食感なので、
少し苦手な人も？
事前に試しておこう。

カロリー	平均的にゼリータイプは約 200カロリー、ジェルは約100 カロリー補給できる。フルマラソンだと2000～3000 カロリー消費されるので、なるべくカロリーを摂りながら走りたい。
アミノ酸	アミノ酸を配合しているメーカーはまだ少ないものの、筋肉中で消費される成分のため、筋肉の損傷を防ぎ長距離ランには欠かせない。ランニング中や後に摂りたい。
ミネラル	マグネシウム、カリウム、ナトリウムなどのミネラルは、人体に必要な栄養素。ランニングによってこれらが不足すると、筋肉が痙攣を起こしたり、脱水症状を発症してしまう。
カフェイン	持久力や筋力のパフォーマンスを改善するため、ランニングのサポートには欠かせない栄養成分として注目されてきている。ランニング開始 1 時間前くらいに摂取しておきたい。

意されている場合もあるので、エネルギー切れしないように、こまめに給食を食べましょう。

　また、ウエストポーチに栄養ゼリーを何本か入れているランナーも多いです。栄養ゼリーはブドウ糖以外にも、疲労を早く回復させるアミノ酸などが含まれていて、素早く栄養を摂取するのに最適です。味の好き嫌いや、もち運びに便利な大きさなど、好みで選んでみてください。

　私の場合は、栄養ゼリーでは空腹感が解消できなかったので、ひと口サイズのおにぎりをポーチに入れて走ることにしています。たっぷり塩をつけて、中には梅肉を入れます。エネルギーの元になるブドウ糖に加えて、不足しがちな塩分も摂取できる優れ物です。また、簡単に塩分補給できる物として、梅肉チューブもポーチに1本入れて走っています。

そのほかの、あると嬉しい補助食品

ゼリーやジェルはランナーさんにとって必須補助食品となりつつありますが、ほかにもさまざまな補助食品があります。もちろん、目的は栄養分の摂取ですが、味覚や満腹感も満たされ気分転換にもなる商品もあるのでぜひ試してみてください。

炭酸の抜けたコーラ

果糖ブドウ糖液が多く含まれるコーラはエネルギー効率が高く、パフォーマンスを高めるカフェインも含まれます。ただし炭酸が入っていると飲みにくく、血中の酸欠を促すため「気の抜けた」コーラが好まれるようです。

エナジーバー

水分の含有量が少ないものが多く、パサつく傾向があり、ランニング中の補給食としては不向きですが、栄養価も高く満腹感が満たされます。

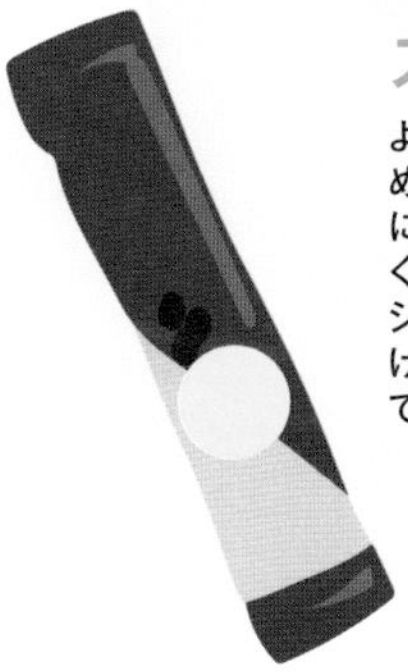

スポーツようかん

ようかんには炭水化物をはじめ、塩分などミネラルが豊富に含まれます。口当たりが良く、甘い小豆風味はリフレッシュにも。容器の下を押し上げる食べやすさも人気の秘訣です。

集中力が切れたり、足が止まり出したときの気分転換に最適!!

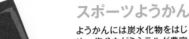

レース中にできるストレッチ10

初めての〝フル〟で完走を目指すならば、いくつか戦略をもっておきましょう。あきらめて途中で止まらないためには、「給水ポイントではストレッチを行う」作戦も大事なのです。

給水ポイントは休憩ポイントと割り切る

マラソンで歩きたくない、止まりたくないという気持ちは大事ですが、給水とトイレは別だと考えて走りましょう。疲労した筋肉を回復させるチャンスです。

エンジョイランでは、給水ポイントのことを〝休憩〟ポイントだと割り切っています。栄養を摂り、十分なストレッチを行うなどして積極的に休憩をとりましょう。P96で紹介したように、初心者には、限界まで体を追い込むことなく、こまめに疲

レース中にできる10の簡単ストレッチ

給水ポイントでの休憩中に行えるストレッチを紹介します。通常は 1 回 30 秒を目安にしますが、レース中は1回15秒〜20秒程度にして、すばやく行いましょう。

注意点
・絶対に前後へ大きくグイグイと動かさないこと
・つりそうになった時は少しずつ行うこと

① 太もも後ろ＋側面

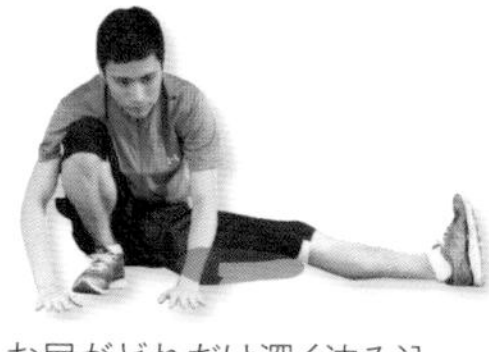

お尻がどれだけ深く沈み込むかで、効果が変わります。

② 太もも後ろ＋ヒザ裏

ヒザをしっかり両手で押さえつけて行うことがポイントです。

③ 太もも前側

足を開く間隔と、沈み込み方によって効果が変わります。

④ 太もも内側＋そけい部

無理せず、ゆっくりと重心を下へと落としていきましょう。

れを回復させながら走る作戦が必要なのです。

　また、疲労度によって、必要となるストレッチは異なります。レースの前半か後半かで、疲労している筋肉を自分自身で判断して、効果が期待できるストレッチを選んで行いましょう。太ももの後ろと前側、そけい部、ヒザ、ふくらはぎ、すね、足首、アキレス腱など、レース中に行える10のストレッチを紹介しますので参考にしてください。ストレッチ一つにつき30秒程度が目安です。縁石などを利用したものもあります。レース中は、必要最低限のストレッチを行うことが、結果的に時間短縮にもつながります。練習中に信号で止まった時などに、どの程度時間をかければ自分の体に効果があるのかを試しておきましょう。レース本番ですべてを行う必要はありません。

⑤ 太もも前側＋ヒザ

体勢が不安定になる人は、壁や木などに手をつけば実践しやすいです。

⑥ すね＋足首

⑤と同じように、壁などで体を支えながら行っても良いでしょう。

⑦ ふくらはぎ

かかとをしっかりと地面につけた状態で行えば、効果が高まります。

縁石などを使ったストレッチ

⑧ ふくらはぎ＋アキレス腱＋ヒザ裏

かかとを地面につける場合とつけない場合で効果が少し変わります。

⑨ 太もも後ろ＋ヒザ裏＋ふくらはぎ

②と同様、ヒザが曲がらないように手で押さえておきましょう。

⑩ 太もも内側＋前側＋そけい部

ヒザを上げる高さ、曲げる角度によって、伸びる筋肉が異なります。

坂道ではギヤを変える

自転車に装備してある変速ギヤを知っていますか？　あのギヤが体に備わっていれば坂道が楽なのに……という願いを実現できる方法があります。ヒントは、「走る姿勢」にあります。

前傾と歩幅のセットで、どんな坂道も楽に走る

　フラットな路面しか走らないマラソン大会はほとんどありません。どの大会でも、多少勾配がある道を通ります。平地と同じように坂道を走ると、足の筋肉への負担が大きくなることはもちろん、心拍数が上がり、心肺機能への負荷も高まります。そこで、坂道を楽に上るために、ランニングを変える「ギヤ」を用意しておきましょう。自転車によく装備されていますが、ギヤとは、負荷を変え、速度を変えられる装置です。実

勾配のきつい上り坂は「3速」のギヤで走る

際には、人体にギヤはありませんが、“前傾姿勢を強める”とギヤに近い効果が現れます。また、同時に歩幅を狭くすることで、楽に上がっていくことができます。坂道の角度に応じて、うまく使い分けてみましょう。

LEVEL UP!

3段変速のギヤを使う

「ギヤ」を3つ用意しておきましょう。それらを平地、やや上り坂、きつい上り坂で使い分けます。前傾姿勢を深くした分、歩幅を狭めることが大切です。

1速 平地モード

2章で紹介した前傾姿勢（P60）を「1速」と考えます。勾配がほとんどなく距離も短ければ、「1速」で坂道を上っても良いです。

坂道を「1速」で走った場合のイメージ

2速 やや上り坂モード

「1速」より少し大きく前傾に姿勢を倒します。
無理なく走れるくらいに、歩幅を少し狭くします。

3速 きつい上り坂モード

「2速」よりさらに前傾を強くします。右ページの写真が「3速」のイメージです。かなり前傾が強まっているので、歩幅もさらに狭くしましょう。坂が真っすぐに見えるように写真を傾けると（図右）、「1速」との違いがよくわかります。上り坂では歩幅を狭くするため、速度が遅くなります。平地と同じペースで走らず、遅くすることで、筋肉への負担を軽くします。

道がフラットに見えるように写真を回転
1速
3速

道がフラットに見えるように写真を回転

Column 5

\\“ありがちミス”は早めに防ごう! //

ビギナー相談室

よくあるランナーからの質問

Q.

レース中に足がつった場合、
どうすれば回復するのでしょうか?

A.

ゆっくり回復を待つことです。
無理にストレッチすれば、逆に筋肉を痛めます。

足がつったということは、あなたはすでに「ケガ」をしているのと同じ状態です。ゆっくり伸ばし、ゆっくり擦り、ある程度時間をかけながら、ゆっくりと回復させるしか方法はありません。焦る気持ちをグッとこらえて、塩分補給や栄養・水分補給でもしながら、のんびり回復を待つことです。ただ、足がつる前には、必ず足が張ってくるはずです。その変化に気づくことさえできれば、すぐに止まって、足をストレッチしたり、休んだり、あるいは塩分補給などで、予防することができます。

Chapter
5

ケアの方法とメカニズム

日常的にランニングを楽しみたいのであれば、
体のケアを怠ってはいけません。
筋肉痛も、故障や疲労も、
ほとんどはストレッチで防げるのです。
故障する理由がわかれば、
ケアの大切さも実感できるでしょう。

Body care
and mechanism

運動の〝1時間後〟のケアが重要

筋肉が張る、疲れがとれないといった不調は、体に疲労物質をためている状態です。〝1時間後〟というキーワードをしっかり押さえて、疲労をなるべく残さないようにしましょう。

運動直後、疲労物質はすぐに止まってくれない

「走った直後にストレッチをしているのに筋肉痛になった」という経験はありませんか？　20分以上の有酸素運動によって脂肪は燃焼を始め、運動後も30分程度は燃焼し続けているといわれます。疲労物質は脂肪の燃焼と同時に発生しているので、疲労物質は運動後すぐに止まってはいないわけです。医学的に明らかではありませんが、経験的に運動〝1時間後〟にもストレッチを行うことが効果的と私は考えています。ランニ

\\ 筋肉に疲れを残さない! //

運動後のケア習慣を変える

多くのランナーは、ランニングの直後のみケア（≒ストレッチ）を行っています。しかし、筋肉に疲労物質を残さない方法は、1時間後にもケアを行う習慣を身につけることなのです。

一般的なランナーの習慣

10分	ストレッチ
45分	ランニング
10分	ケア（≒ストレッチ）
30分	入浴
60分	テレビやPCを見る
	就寝

↕ 運動直後の1時間

ランニングが終わった時だけ、ケアをして納得してしまっている。

理想的なケアの習慣

15分	ストレッチ
45分	ランニング
15分	ケア（≒ストレッチ）1回目
30分	入浴
30分	テレビやPCを見る
15分	ケア（≒ストレッチ）2回目
	就寝

↕ 運動直後の1時間

運動後から1時間たって、再度ケアを行う。就寝の直前に行うのも効果的。

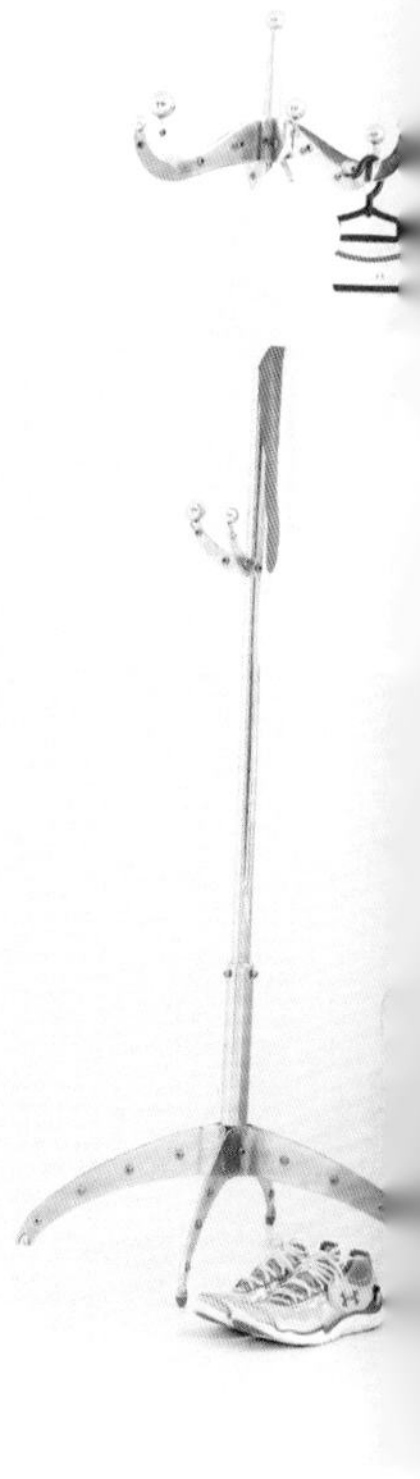

ング直後はもちろん、1時間後もケアをすることが筋肉痛を残さない、疲労を残さない秘訣なのです。長時間走った日は、さらに2時間後もケアを行うなどすれば、疲労物質がたまりにくくなります。

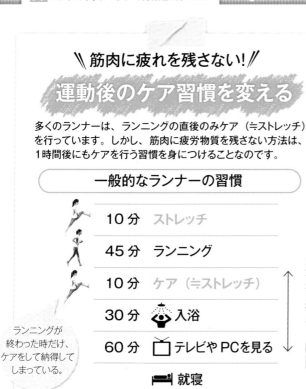

ストレッチをすることが体のケアとなる

ランニングの疲れを取るために、薬用ローションやサポーターを使うことは間違いではありません。しかし、疲労を残さないためには、もっと簡単な方法があるのです。

「ケア」の目的は、筋肉に疲れを残さないこと

体の〝ケア〟というと、専用の道具や薬品を用いて、何か特別なことをしなければいけないと考える人がいますが、それは違います。体のケアの基本はストレッチなのです。ランニング後は、普段よりも疲労物質がたくさん発生します。疲労物質がたまるとそれらが老廃物となるので、意識的に「老廃物を取り除こう」という意味を込めてケアと呼ぶだけで、すべきことはストレッチです。ランニング前後には必ずＰ30～

ランニングの前

＝

故障予防のためのストレッチ

走る前にストレッチを行うのは、ランニングに使う筋肉を伸ばしてケガを防いだり、関節液を出して関節の痛みを和らげたりするための準備です。

Ｐ53のストレッチやＰ118～Ｐ129のケアを行いましょう。
ストレッチには筋肉の血行を良くして老廃物を押し流す効果があります。日常生活の中でランニングだけに筋肉が使われているわけではなく、立つ、座る、メールを打つ、服を着る、料理をつくる、目の瞬き、すべての動作に筋肉が使われています。常に筋肉が動いているということは、疲労物質も常に発生してるということです。だからこそ、老廃物を体内にためないためにも習慣的なストレッチが必要となります。ストレッチはランニングの準備体操ではないのです。習慣化できれば、ランニングも含めた毎日の生活を送りながら、筋肉の疲労感が少なくなることに気づくと思います。さらに〝筋肉との会話〟ができれば、体の「ケア」ができているといえます。

LEVEL UP!

自力整体《じりきせいたい》

ストレッチは、皆さんが想像している以上に素晴らしい効力を秘めています。それは何かというと、「自力整体」を可能にする力さえ持っていることです。まず、ストレッチは筋肉を伸ばすだけではなく、神経を研ぎ澄まし、自律神経を安定化させることもできます。この習慣性が身につくと、全身の筋肉の変化や微妙な違和感などを、敏感に感じ取ることができるようになります。私はこれを「筋肉と会話」できている状態と呼んでいます。そして、マスターすれば“自分の体を自分で整体する”ことができる「自力整体」を行えるようになるのです。この「自力整体」に至ることこそが、究極の健康法だと私は考えています。

ストレッチの習慣化こそ「自力整体」への第一歩

ランニングの後

＝

体のケア

＝

メンテナンスのためのストレッチ

走った後に行うメンテナンスの総称を「ケア」と呼びます。もちろん、ストレッチも「ケア」の中に含まれている大事な要素の一つで、筋肉に疲れを残さないために行います。

「筋肉が硬くなる」とは何か？

日頃、よく耳にする「筋肉が硬くなる」という言葉ですが、実際はどういった状態を指すのでしょう？　硬くなると何が悪くて、どうすれば硬くなくなるのか、そのしくみを教えます。

硬くなった筋肉をほぐす一番の方法とは!?

日常的に「足や背中、腰の筋肉が硬くなっているな」と感じるランナーは多いですが、その硬くなった状態が何を意味しているのかを知る人は、意外と少ないようです。

「筋肉が硬くなっている」とは、筋肉が縮んでいる状態を指します。例えば、腕を曲げてぎゅっと力を入れると、〝力こぶ〟ができます。これこそ、筋肉が縮んだ端的な例です。ふくらはぎなどが硬くなって痛む人は、各部分が常に無意識に〝力こぶ〟

筋肉が硬くなるメカニズムと解決方法

ランニングへの悪影響

1. 運動のパフォーマンスが低下する（タイムアップが望めない）
2. ケガや故障をしやすくなる
3. 瞬発力、持続力がなくなる
4. 各筋肉が疲れやすくなる
5. 疲れがたまり、回復が遅くなる

硬くなるとは……

“力こぶ”をつくっているのと同じ状態

↓

本人は自覚がなく筋肉が収縮している

をつくっているともいえます。つまり、筋肉に異常事態（筋肉が収縮したまま）が生じた状態なのです。これでは、ランニングだけでなく、日常生活にさえ悪影響が出ることもあるでしょう。

しかし、痛みのメカニズムを知れば、解決策もわかります。「硬くなる」とは筋肉が緊張して、血流が悪くなることです。次に、運ばれてくる酸素の量が減り、筋肉が酸欠状態に陥ります。最後に、脳へ異常事態を知らせる痛み物質が発生します。痛みがある人は、その筋肉は酸欠状態だということを認識しましょう。

では、どうすれば良いのか。答えは簡単で、縮んだ筋肉をストレッチでゆるめれば良いのです。筋肉を伸ばせば血流も良くなり、酸素が供給されます。硬くなった筋肉をほぐす一番の方法は、ストレッチなのです。

痛みを感じる理由

筋肉内の血流が悪くなる

↓

運ばれる酸素量が減少

↓

筋肉が酸欠状態になる

↓

筋肉が柔軟さを失う

↓

痛みや違和感が生じる

解決方法と理由

ストレッチを常に行う

ストレッチによって、
収縮した筋肉を伸ばす

↓

筋肉内の血流が良くなる

↓

筋肉に酸素が十分行き渡る

↓

痛みの発生がおさまる

↓

筋肉が柔軟性を取り戻す

なぜヒザが痛くなるのか？

ランナーの悩みの一つに、ヒザの痛みが挙げられます。もともと負荷が大きくかかる場所とはいえ、痛みの原因を放置していてはいけません。原因を知り、故障を未然に防ぐことが大切です。

ヒザが痛む原因は、ほとんどが自分で治せる

ランニング中は、体重の4～5倍、または10倍ともいわれる負荷が、常にヒザにかかっています。それほどの負担を長時間かけていれば、多少痛むのは仕方ありませんが、原因を自らつくり出している人が多いことも知っておきましょう。ヒザやつま先が外を向いていたり、重心が外側にかかっていたりする人がとても多いのです。これらは走り方のルール「足を常に真っすぐ出す」（P66）などで矯正できます。しかし、怠れば、

ヒザ内部の簡略図

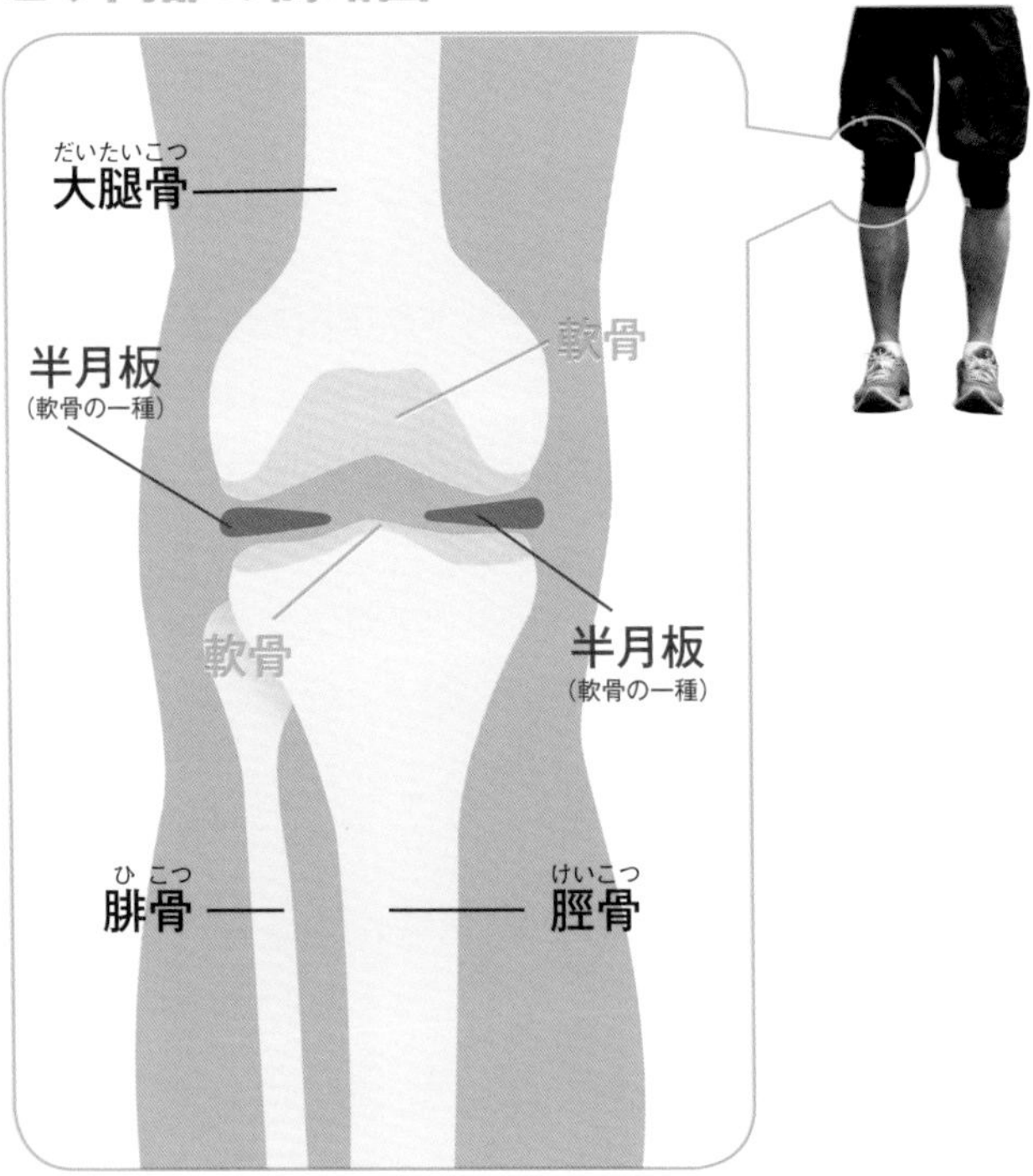

ヒザのしくみを単純化して見てみましょう。大腿骨と脛骨・腓骨の間に、クッション材として軟骨と半月板（軟骨の一種）が組み込まれています。ヒザの周辺は、実際にはとても複雑な構造をしていて、他にも靭帯や滑膜などさまざまな部位があります。

靭帯を損傷する、軟骨がすり減る（図下）など、ヒザに重度の故障を抱えかねません。O《オー》脚やガニ股、X《エックス》脚が原因の人も、健康のために走るのならば、まずは足の矯正を考えてみましょう。

ヒザの痛みの理由と解決策

「外側」が痛い	外側に負担がかかっている。解決方法は「真ん中」を意識して走る（P68）
「内側」が痛い	内側に負担がかかっている。「足を真っすぐ」出すことを意識する（P66）
「前下側」が痛い	前下側に負担がかかっている。「小股」で走るように心がける（P64）
「裏側」が痛い	疲労物質が裏側にたまっている。常に折り曲がる部位で圧迫を受けている。テニスボールでケアする（P127）
「前上側」が痛い	前上側に負担がかかっている。前傾姿勢で走るように心がける（P60）

外側に体重がかかった時のヒザへの負荷

体重が外側にかかった状態で走れば、靭帯やヒザの関節内側の軟骨などへ、大きな負荷がかかってしまいます。右ページの簡略図を見比べて、その理由を学んでおきましょう。

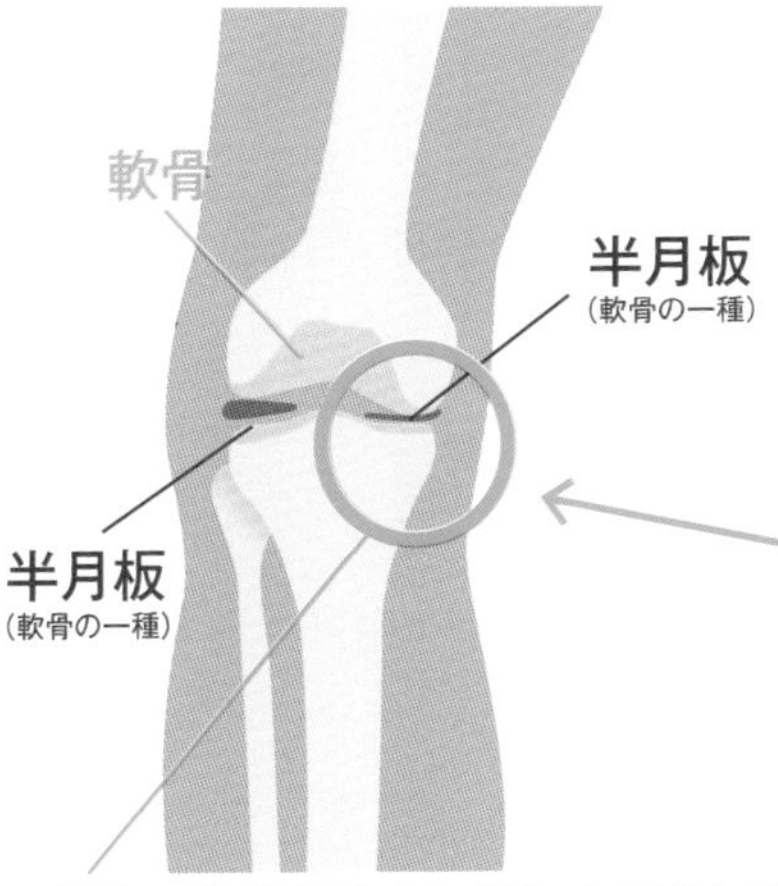

関節の軟骨が徐々に押しつぶされていく

「変《へん》形《けい》性《せい》膝《ひざ》関《かん》節《せつ》症《しょう》」につながる

ヒザの外側へ負荷がかかり続けると、クッションの軟骨が走るたびに圧迫され、つぶされていきます。すり減った軟骨はやがて薄くなり、骨同士が当たるほどになってしまいます。これが高齢者などによく見られる「変形性膝関節症」で、ヒザの痛みが常態化してしまう恐れがあります。

O脚気味の足

ヒザ下から足首までが真っすぐになっていません。ヒザが外側にゆるやかに膨らんだように見えるフォームになっています。

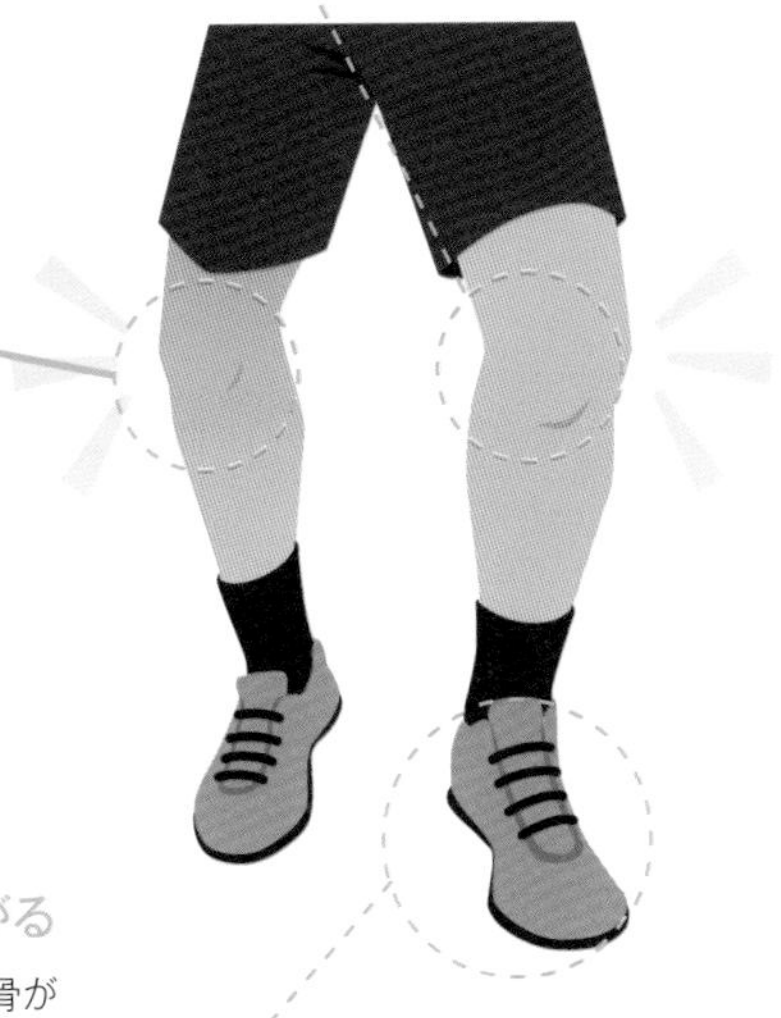

つま先が外側へ向いている

ヒザを軽くひねった状態で走り続けることになり、靭帯への負荷も大きくかかってしまいます（P66）。

ランニング後の
ケア整体編

重要度

★★★

ヒザ

ランニング前後

片側３分

意識する筋肉など

膝蓋靭帯、
外側側副靭帯、
内側側副靭帯など

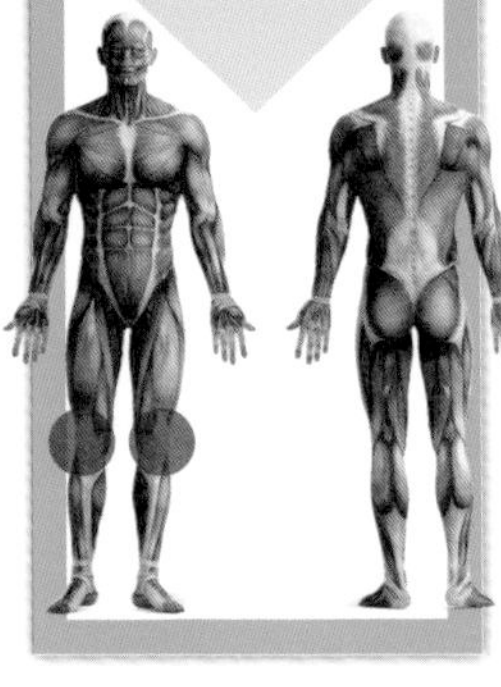

ヒザの痛みを緩和する 簡単にできる自力整体

このケアは「自力整体」（P113）の一つです。走り始めにヒザが痛い人はもちろん、ヒザに不安のある人はぜひ試してください。指でヒザを押しながら動かすと、指がヒザ周辺の筋肉や靭帯などへ刺激を与えます。すると、不具合のある部分の血流が良くなり、疲労物質を押し流すことができるのです。片足3分ほど、必要な人はランニング前後どちらも行うと良いでしょう。

STEP 1

ヒザ周辺の圧痛点《あっつうてん》を指で押さえる

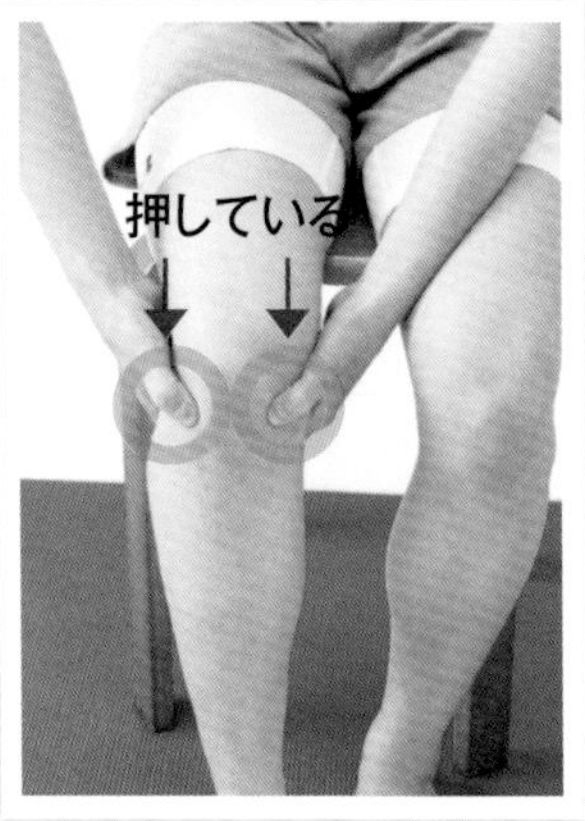

圧痛点とは、指圧した時に痛みを感じるところです。ひざのお皿（膝蓋骨）の周りを探してみてください。

STEP 2

2〜3回、ヒザ下をぶらぶらさせる

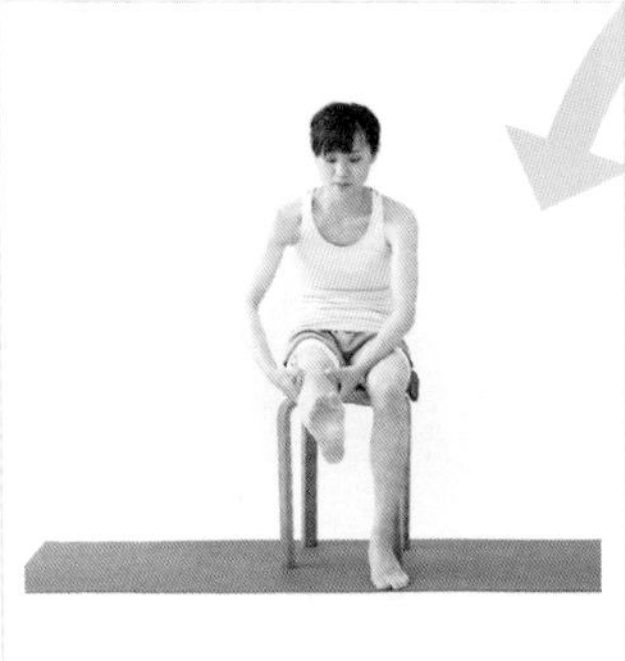

指で圧痛点を押した状態のまま、ヒザを曲げ伸ばししましょう。回数は往復2〜3回を目安にして、足りないと感じる人は増やしてください。強く足を振る必要はありません。

プラスαのコツ

圧痛点の押し方は自由です。わしづかみでも、片手だけを使うなどでもOK！ 自分なりにSTEP 1〜4の行いやすい押し方を試しましょう。**ただし、痛みを少し感じる程度に押しましょう。押し過ぎないように注意してください。**

STEP 4

2~3回ヒザ下を**ぶらぶらさせる**
指圧する場所をさらに変えて何度か行う

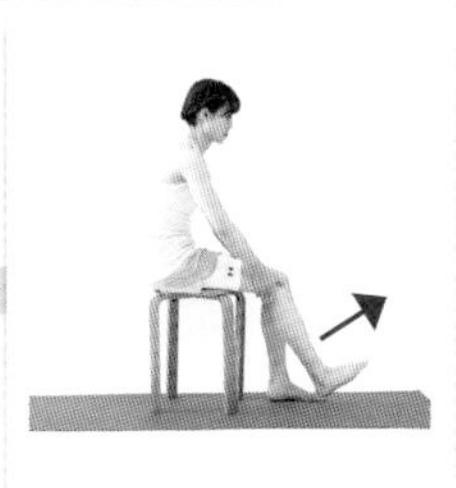

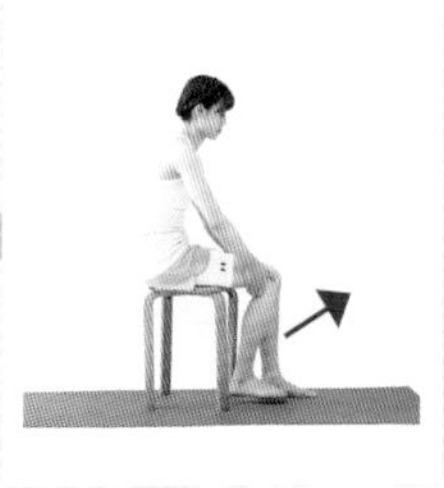

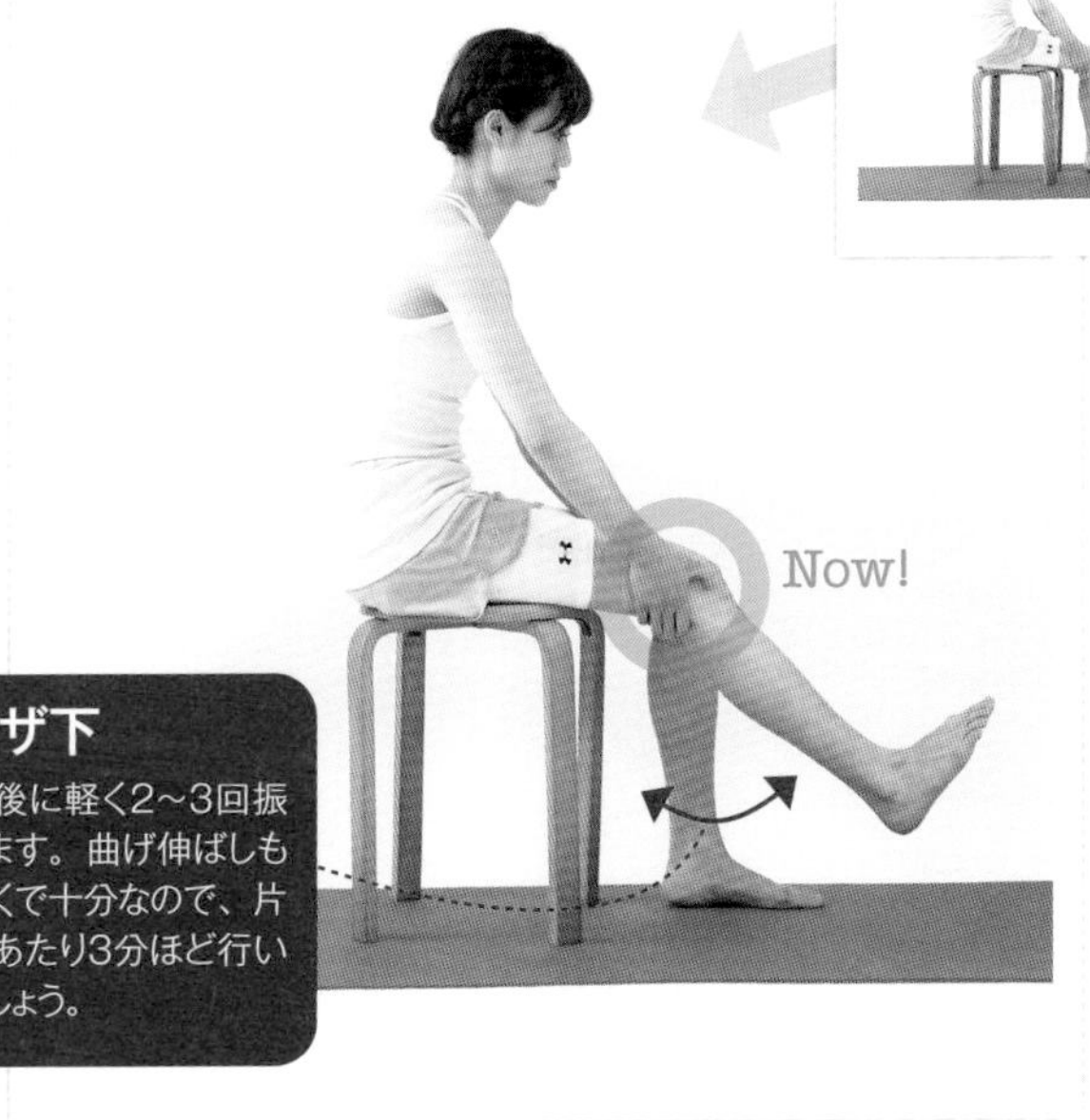

ヒザ下

前後に軽く2~3回振ります。曲げ伸ばしも軽くで十分なので、片足あたり3分ほど行いましょう。

STEP 2と同様に、ヒザから下の足を前後に振ります。この時、曲げすぎず伸ばしすぎない程度にしてください。2~3回行ったら、また圧痛点を少しずらして同じことを繰り返します。

STEP 3

STEP 1とは違う場所を指で押さえる

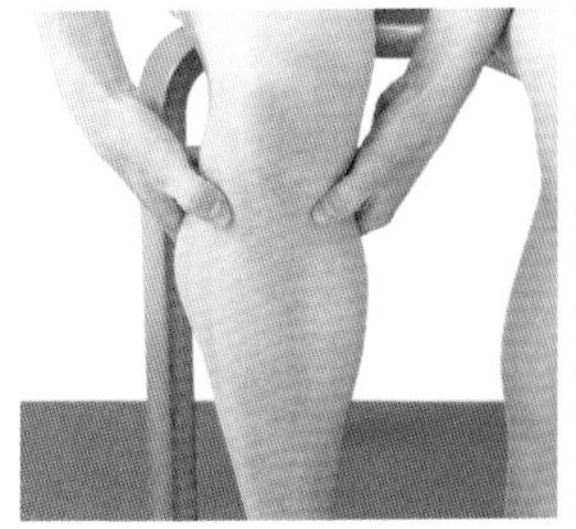

少しだけ指を左右上下にずらして、直前まで押していた場所とは違う圧痛点を押しましょう。

もうひとつチャレンジ!

変化系の屈伸運動

ヒザへの負担“弱”でヒザ関節を動かす

寝転んで片足を上げ、ヒザから下を曲げます。上の STEP 2と同じ程度に曲げ伸ばし、片側20~30回行いましょう。立ったまま屈伸するよりも、ヒザに負担がかからずにヒザ関節を動かすことができる簡単な屈伸運動です。

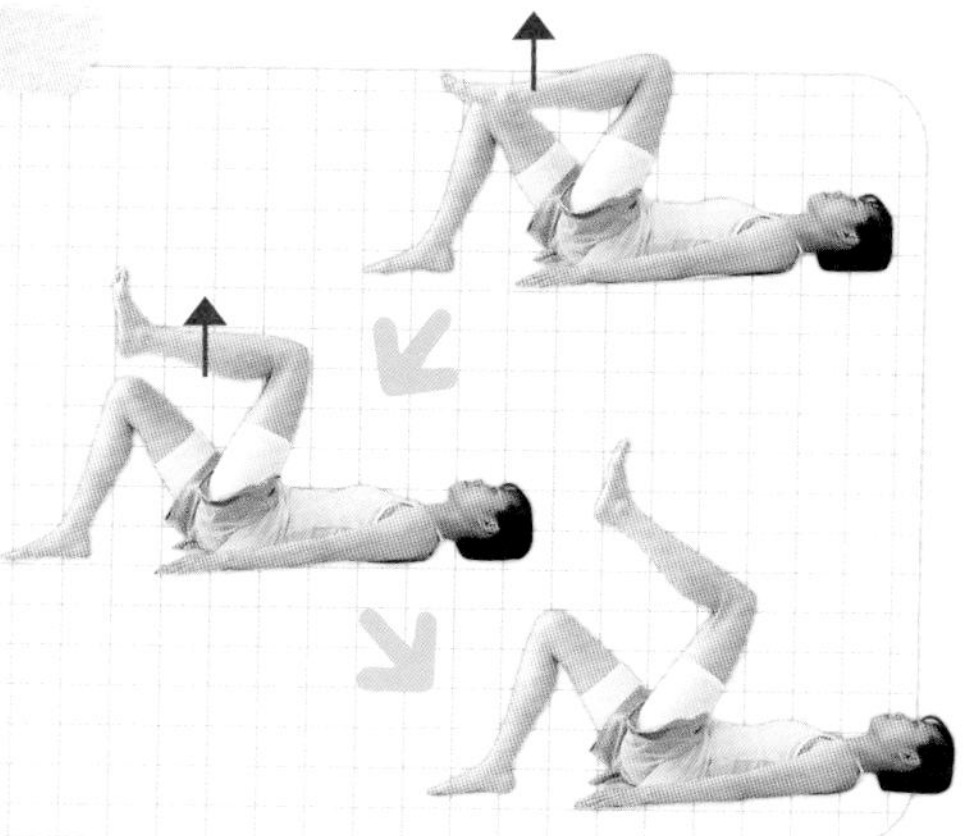

ランニング後のケアストレッチ編

重要度

★★★

ふくらはぎ・すね

ランニング後

片側 30 秒

意識する筋肉など

腓腹筋、アキレス腱、前脛骨筋など

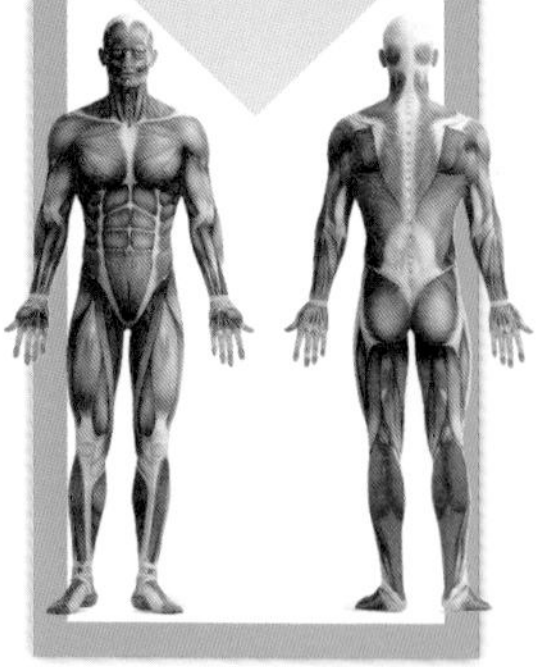

シンプルながら、高い効果を期待できるケアの方法

ランニングで最も酷使される「ふくらはぎ」ですが、ケアの方法は簡単です。壁や電柱などの硬い物や縁石につま先を立てかけ、体を前へ倒すだけで筋肉を伸ばすことができます。靴を履いた状態で行うと、かかとが動かず、効果が倍増するので、屋外でのストレッチにも取り入れてください。また、伸ばしにくい「すね」のケアもシンプルです。足を前後に開き、後ろ足の甲を反らせるとしっかり伸びます。

ふくらはぎ

STEP 1

壁などに向かって、つま先を立てかける

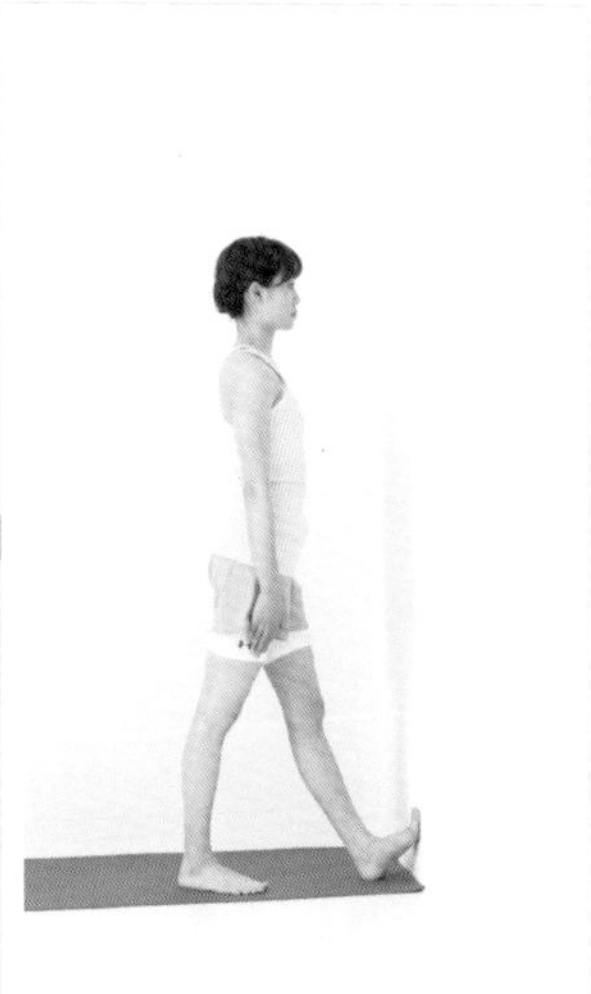

つま先を立てかける角度は、個人差があるので、無理のない角度にしてください。部屋で行う時は、かかとが滑らないように工夫しましょう。

STEP 2

かかとを支点にして体を前へ倒す

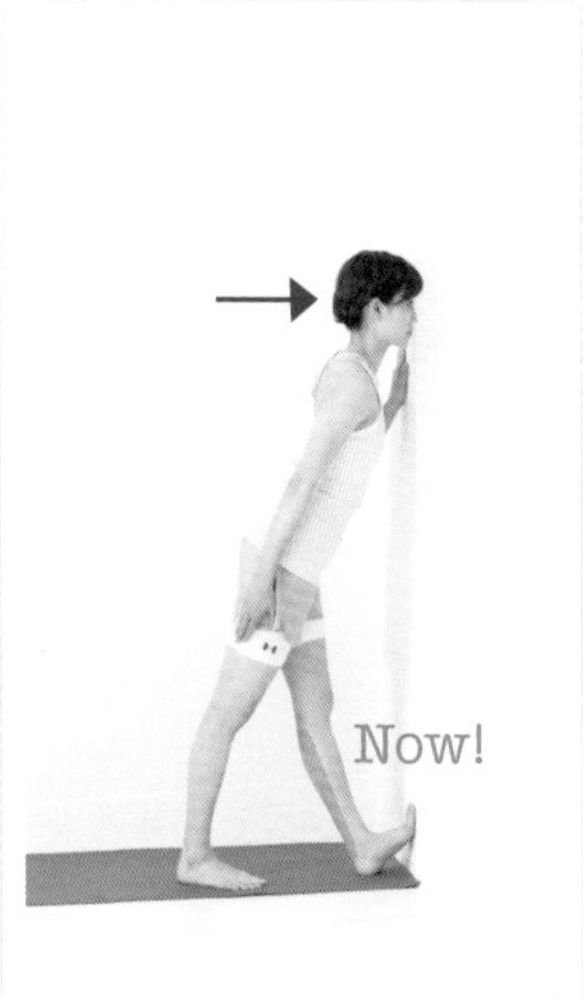

両ヒザを折り曲げず、STEP 1の状態から上半身を前方へと倒していきます。ふくらはぎが伸びているか意識して行いましょう。

すね

STEP 1

足を前後に開いて、真っすぐ立つ

正面から見てガニ股にならない程度に、両足を前後に開きましょう。

正面から見た図

STEP 2

後方の足の甲を床に押しつけて伸ばす

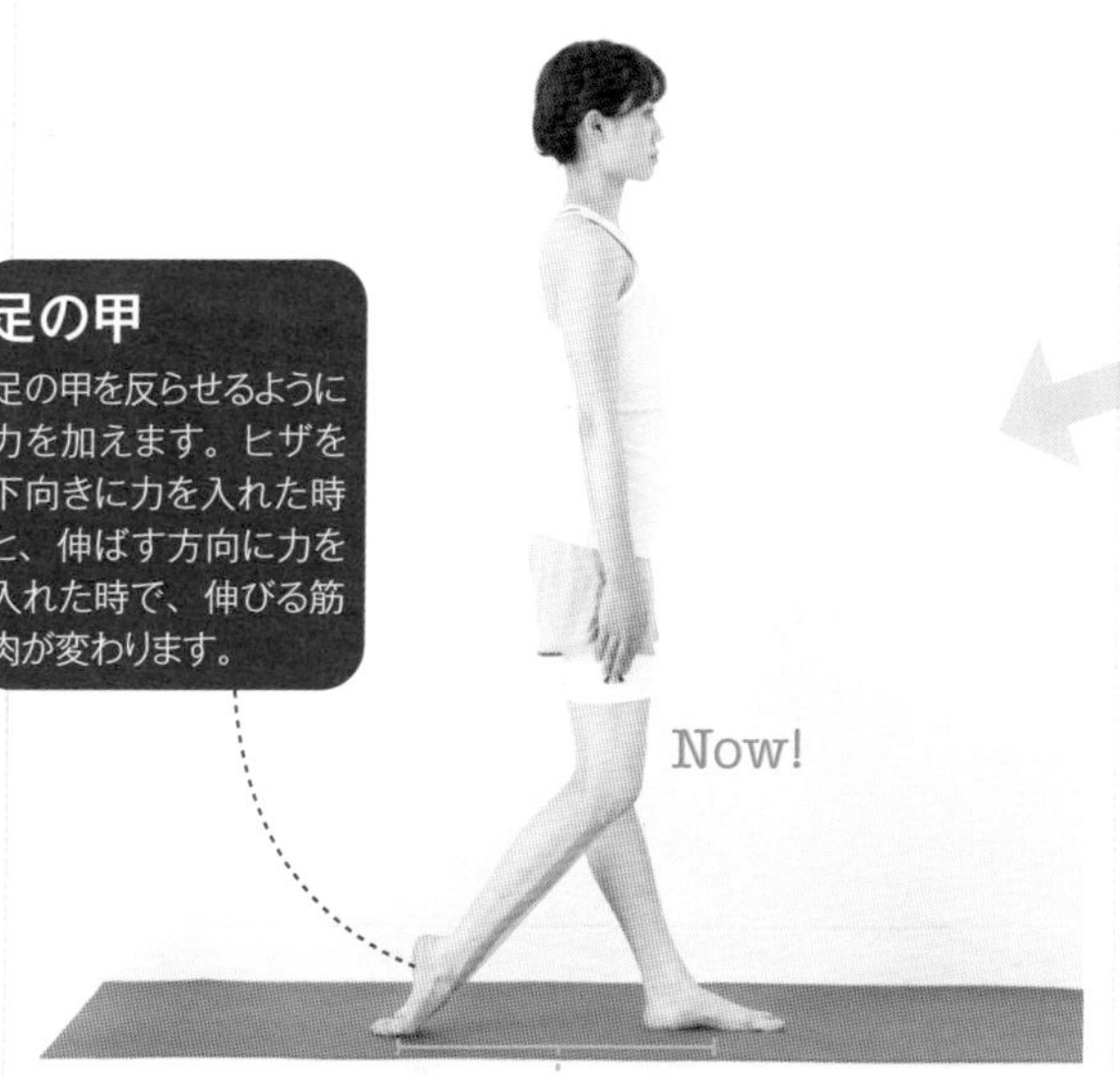

足の甲

足の甲を反らせるように力を加えます。ヒザを下向きに力を入れた時と、伸ばす方向に力を入れた時で、伸びる筋肉が変わります。

両足の開き

足を広げる間隔によっても、すねの伸び方は変わってきます。張っている筋肉と伸びる筋肉が一致する場所を見つけましょう。

ポイントは、痛くならない程度に力を加えることです。

もうひとつチャレンジ!

変化系ストレッチ

体重のかけ方を変える

STEP 2の状態から、体重をかける方向を少し外側へ反らしてください。すねは意外と伸ばし方を知らない人も多い場所ですが、個々でこのように工夫をしてみましょう。

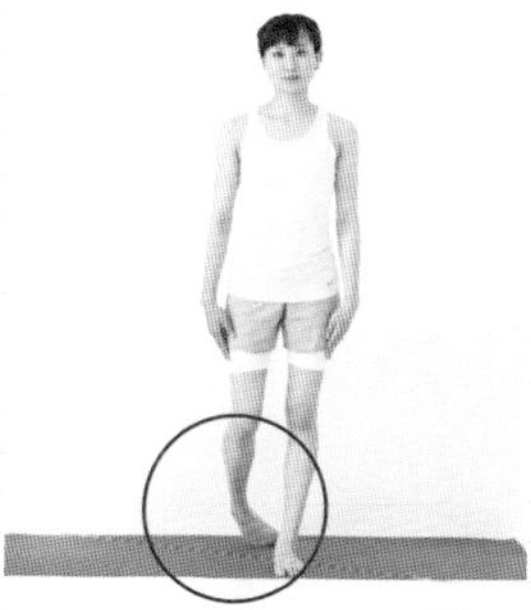

ランニング後の
ケアストレッチ
編

重要度
★★★

太もも後ろ・ヒザ裏

ランニング後
片側30秒

意識する筋肉など

ハムストリングス、膝窩筋、足底筋、腓腹筋など

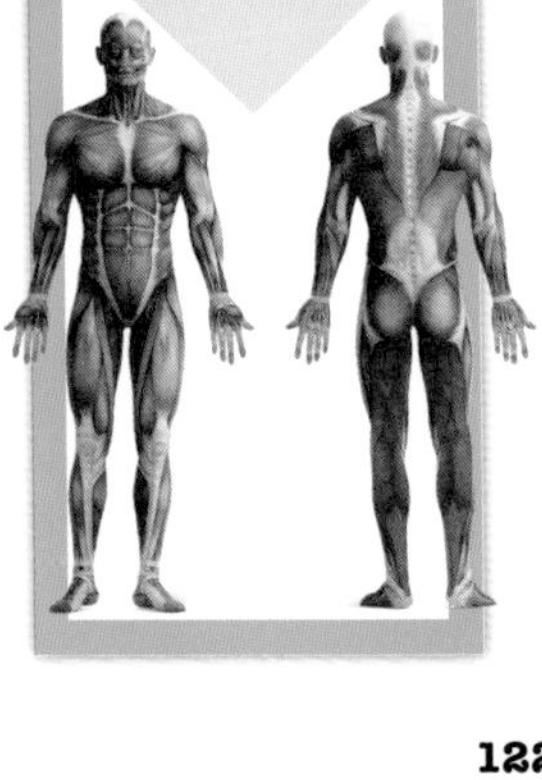

高い効果が期待できる究極のハム・ストレッチ

太もも後ろの張りやだるさ、またはヒザ裏の痛みで困っているランナーは、このストレッチで解消してみましょう。最大のポイントは「ヒザを下方向へ押さえる」ことと「つま先の角度を変える」ことの2点です。つま先の角度によって、伸びる筋肉が変化します。〝究極形〟（左ページ下）も含めて、とても効果の高い方法です。ただし、体の硬さには個人差があるので、できる範囲で行いましょう。

STEP 1
腰の高さあたりに足をかける

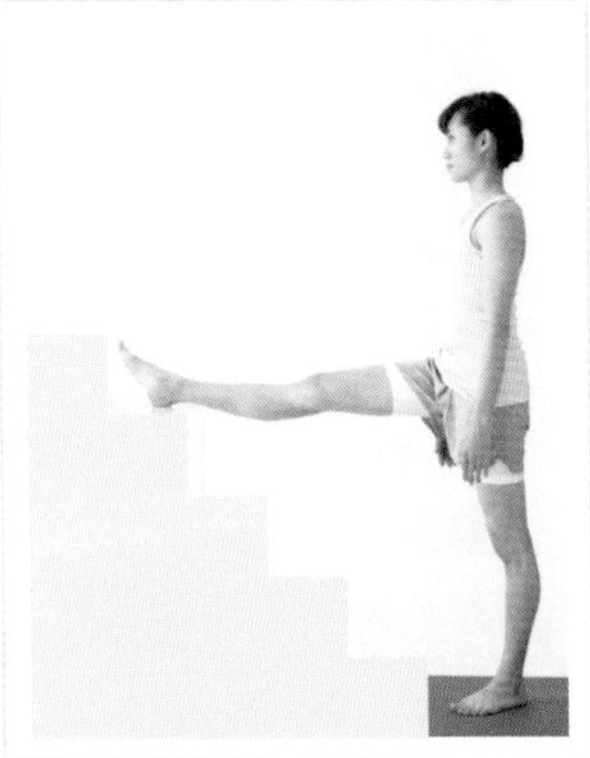

室内であれば階段、屋外であれば縁石など、手頃な場所を見つけて足をかけてください。

STEP 2
つま先を立て、ヒザに両手を置く

両手をヒザの上におきましょう。つま先を立てる時と前方へ伸ばした時で、伸びる場所が変わります。

体が硬い人用ストレッチ

腰の高さまで足が上がらない人は、もっと低い位置でも問題ありません。ただし、足がピンと真っすぐになっている状態はキープしてください。

STEP 3

ヒザを下方向へ押しつけながら、上半身をヒザに近づけていく

手

ヒザをしっかりと下方向へ押つけます。

つま先

太ももの筋肉のどこへアプローチできるかは、つま先の角度によって大きく変化します。

上半身

自分にできるところまでで良いので、ゆっくりと倒します。

ヒザを下方向へ押すと、ヒザ裏が伸びて、“イタ気持ち良く”なっていくはずです。さらに上半身を前方へと倒していくと、太ももの後ろが伸びていきます。この時、前へ伸ばした足が、ピンと真っすぐになっていることが大切です。

もうひとつチャレンジ!

「太もも後ろ」ストレッチ

“ハム”の究極の伸ばし方

ハムストリングス（太ももの後ろ側）を伸ばす、とっておきの方法を紹介します。前足を少し曲げた状態で階段に立てかけて（右STEP1）、内側から手を入れて足首をもちます（右STEP2）。その状態から上半身を前へと倒していくと、“ハム”をかなり伸ばすことができます。

STEP 2

上半身を前へと倒していく

STEP 1

ランニング後の
ケアストレッチ編

重要度

★★

肩甲骨・背中・腕

「肩コリ」も解消できる複合的なストレッチ

肩甲骨のストレッチは、ランニング前後に限らず日常的にも行いましょう。オフィスや学校、つかまる物さえ見つかれば、ちょっとした休憩中にどこでもできるのが特徴です。壁や柵、塀など、動かず壊れない物を探して、STEP1・2のように体を前後に引っ張ります。腕、脇腹、腰といったたくさんの筋肉を伸ばすことが可能となるストレッチです。肩甲骨の緊張を解いてあげることで、慢性的な「肩コリ」の改善にもつながります。

STEP 1 両手で物をつかみ、ヒザは伸ばしたまま、お尻を後ろへ倒す

頭

頭を浮かせる場合と浮かせない場合で、肩甲骨へのアプローチが変わります。

足

ヒザが曲がると、力が分散してしまいます。しっかり伸ばしてください。

お尻が後ろに倒れるイメージで、力を抜きます。伸びている場所を意識するかしないかで効果が変わります。肩甲骨や脇腹、背中、腕など、筋肉の伸びを感じましょう。屋外では鉄格子や柵など、引っ張っても動かず、壊れない物を使いましょう。

ランニング後

片側30秒

意識する筋肉など

広背筋、
脊柱起立筋、
上腕三頭筋、
上腕二頭筋など

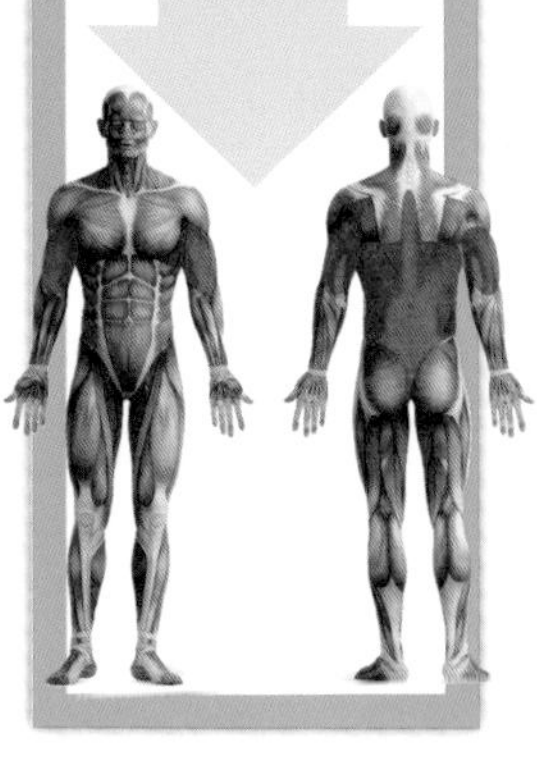

Point 次の3つのポイントを確認しながら行ってみてください。

・伸ばす場所を、自分で意識しながらストレッチを行うこと

・物をつかむ場所の高低を試して、アプローチする筋肉を変えてみること

・物をつかんでいる両手の幅を少し変えて、伸ばす場所を変化させてみること

STEP 2 体の前後を入れ替え、上半身（胸）を前方へ倒していく

Now!
手の高さ
物をつかむ場所を少し変えるだけで、筋肉へアプローチする場所も変わります。
上半身（胸）
胸を張るように、上半身を自分の前方向へ倒していきます。

STEP 1から体の向きを反対にして、同じ方向へ引っ張ります。胸を張って、体が後ろへ引っ張られるのを意識しましょう。この場合も、伸びている筋肉を意識しながら行うことが大切です。

ランニング後の

ケア整体編

重要度

★★

お尻

ランニング後

片側３分

意識する筋肉など

大殿筋、梨状筋、中殿筋など

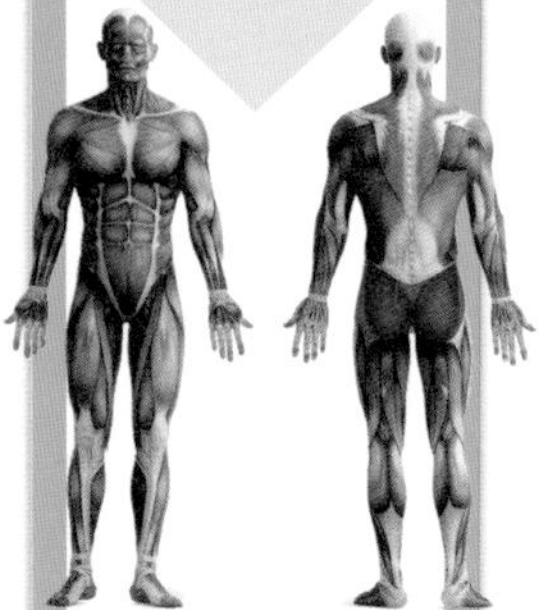

身近な物で手軽にできる“球体”を使ったケア

お尻のケアにはテニスボールのような道具を使います。仰向けの状態で、ボールをお尻の下に挟みます。痛みを感じるところにボールを当てて、ゆっくり体重をのせていきましょう。次に、ボールの位置を少し変えて、同じ動作を繰り返します。ヒザを立てることで荷重をコントロールして、痛くない程度に行いましょう。この時、筋肉を痛めてしまうため、絶対にボールをグリグリと回して刺激してはいけません。

STEP 1

仰向けになり、傍らにテニスボールを用意する

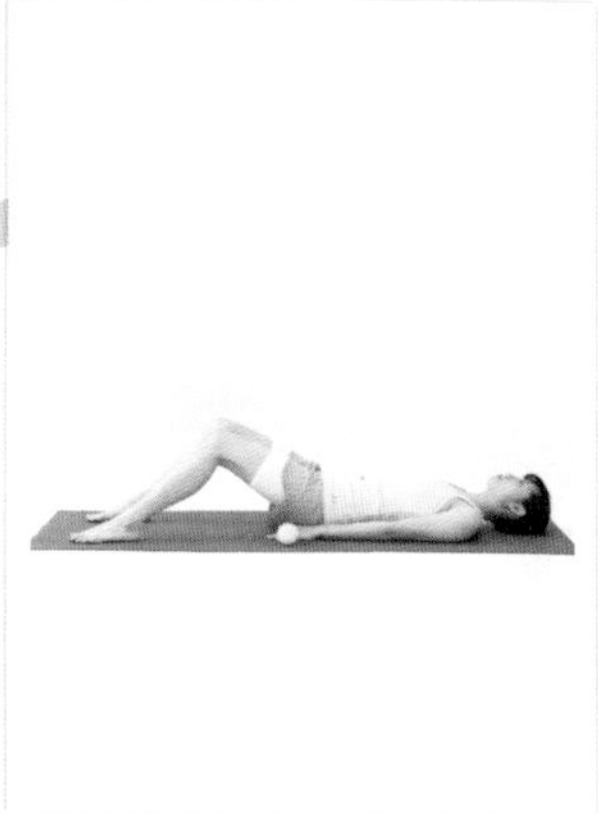

テニスボールを準備したら、体の力を抜いて仰向けになります。ベッドなどではなく、床面が硬い場所を選びましょう。

STEP 2

手に持ったボールをお尻の下に挟み込む

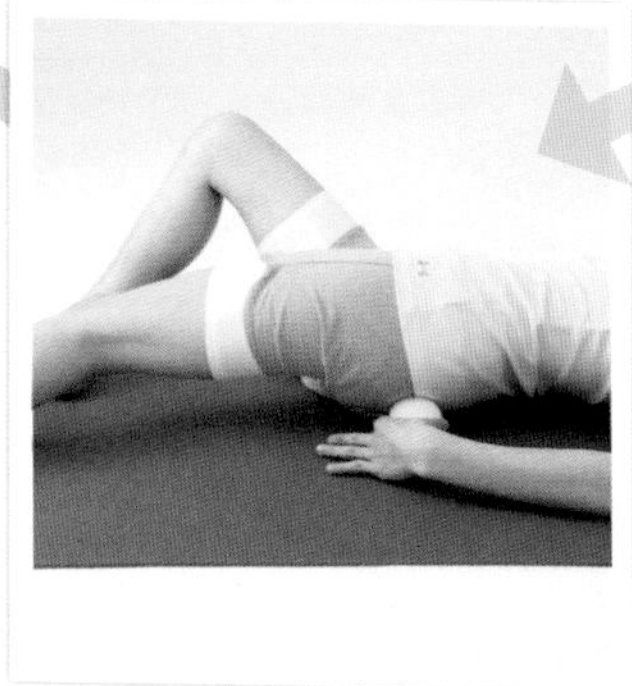

自分で張っていると感じる臀部の真下に、テニスボールを入れます。これだけで準備は完了です。

プラスαのコツ

痛くて実行できない人は、ゴルフボールなどの小さい球で試してみましょう。
触れるだけで痛いという人は、布団やベッドの上で行い、衝撃を少なくしても良いです。

STEP 3

ゆっくりとボールに体重をかけていき、痛みを感じる部分にボールを当てる

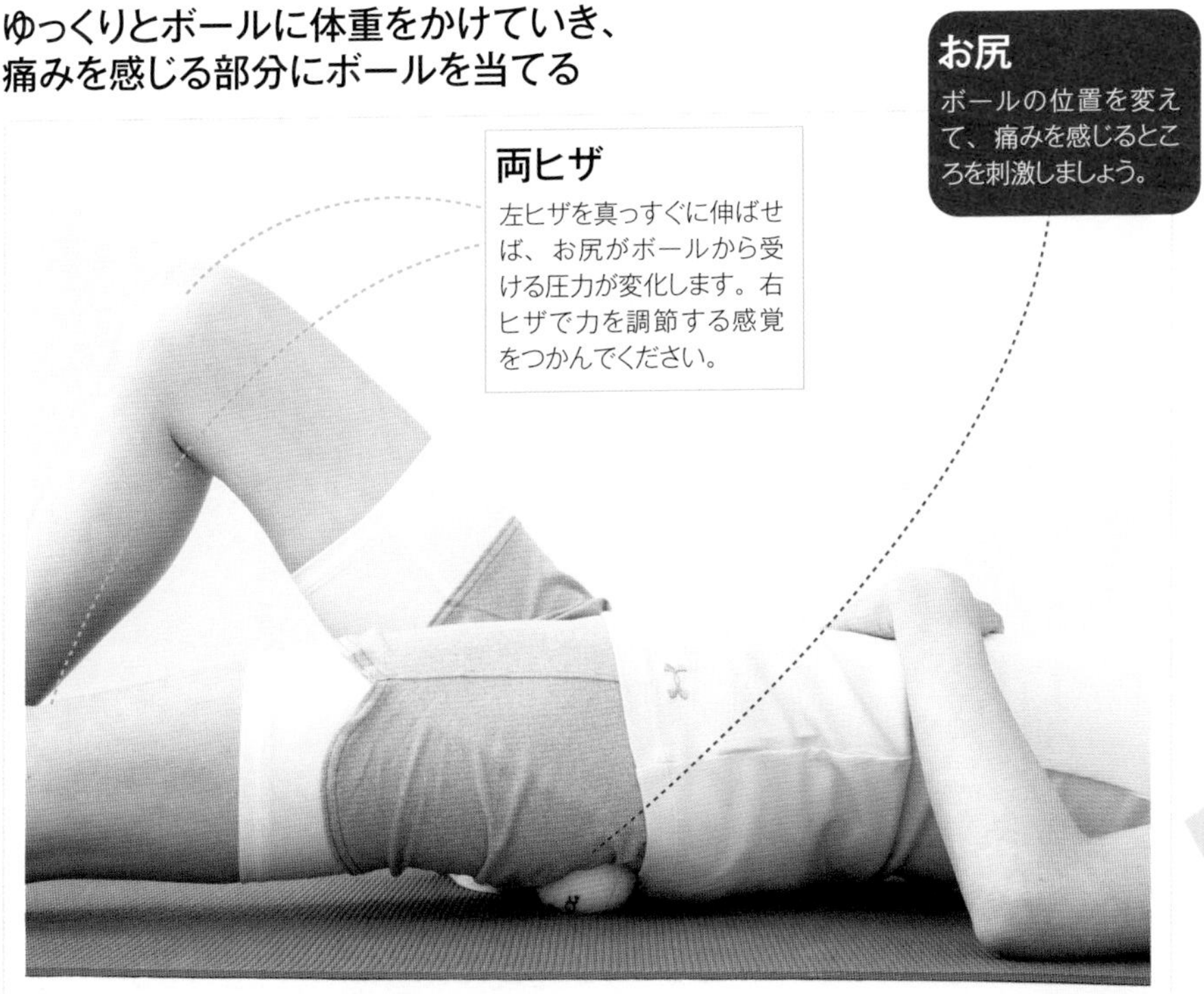
お尻
ボールの位置を変えて、痛みを感じるところを刺激しましょう。
両ヒザ
左ヒザを真っすぐに伸ばせば、お尻がボールから受ける圧力が変化します。右ヒザで力を調節する感覚をつかんでください。

遠くから見た図

体重をのせて、圧痛点をボールで押していきます。それなりに痛いかもしれませんので、ゆっくりと行いましょう。ボールを当てる強さは、ヒザ（写真では右ヒザ）を使ってコントロールします。

もうひとつチャレンジ!

変化系ケア

ヒザ裏の痛みもテニスボールで解消!

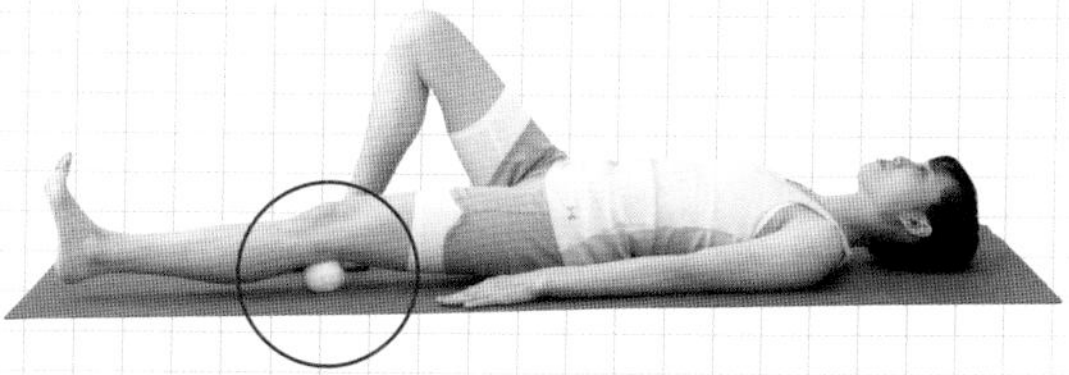

ヒザの裏が痛い人は、STEP 1～3と同じ方法でケアをしてみてください。ボールを挟んでいる足の力を抜くだけで、痛い部分に当たります。痛過ぎる場合は、体を少し浮かせるなどすれば調節できます。

ランニング後のケア整体編

重要度 ★★★

土踏まず・足裏

ランニング後
片側３分

意識する筋肉など

足底筋膜、
後脛骨筋など

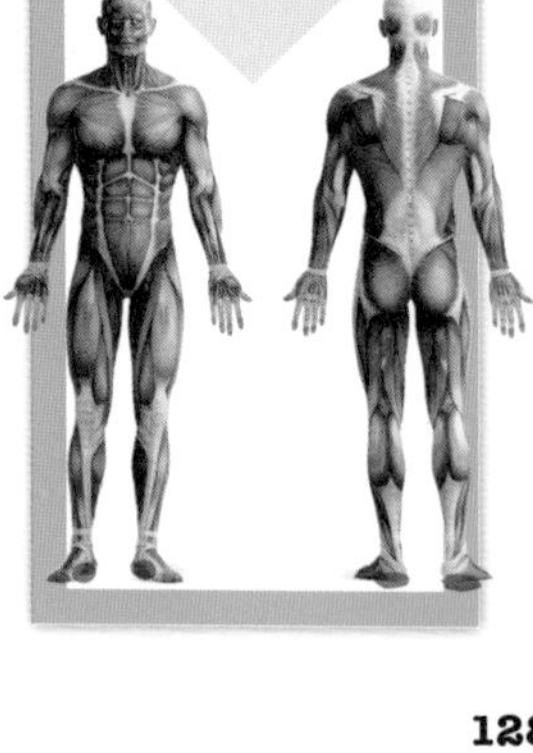

張りが一気にほぐれる“目からウロコ”の方法

ランニングをしていると足の裏の痛みが続くことがあります。そこで、エンジョイラン式の簡単なケアを紹介します。使うのは「自分の体重」だけです。張りや痛みを感じる足裏の局部に、かかとを当てて、体重をのせていきます。たったこれだけで足裏の張りが少なくなります。

この方法はヒザ（Ｐ１１８）やお尻（Ｐ１２６）のケアと同じく、「自力整体」（Ｐ１１３）の一つです。

STEP 1

お尻を浮かせた状態で
足がクロスした姿勢になる

片ヒザ立ちしてから、ケアする足の裏をお尻の下に移動させます。真上から見ると、両足がクロスしたような形です。

STEP 2

足裏の痛む場所を狙って
かかとを近づける

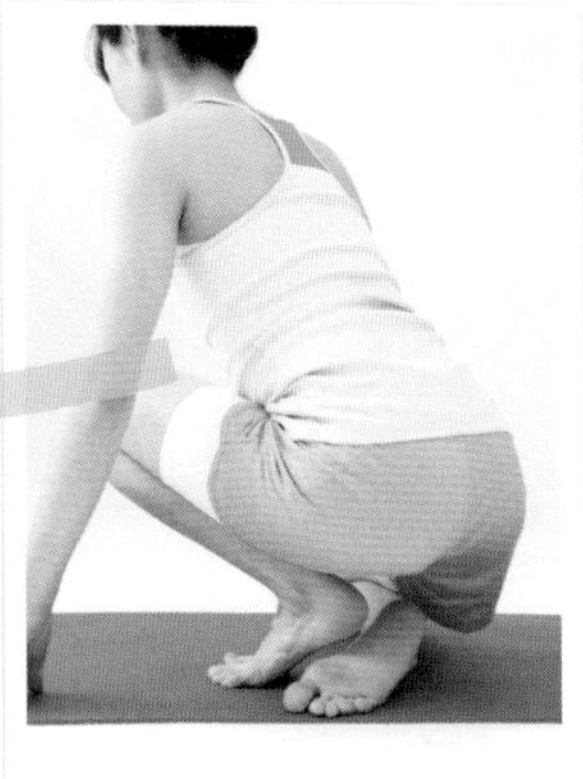

自分では視認しにくい体勢ですが、張っている足の裏の筋肉近くへ、かかとを寄せていきます。

STEP 3

かかとを足裏の狙った場所に置き、体重をかけていく

お尻

かかとに体重をのせる、というよりも「お尻へ体重をのせる」という感覚の方が、楽に行えます。

かかと

一番荷重がかかる部分を意識して、土踏まず周辺の圧痛点を探します。見つかったら、ギューッと体重をかけてみましょう。

かかとに体重をのせていきます。あまりに痛い場合は、支えている手で荷重を調節しながら行いましょう。お尻に体重をのせても、高い効果が期待できます。

正面から見た図

かかとを置く場所を少しずつ変えて、STEP 2・3を繰り返す

ランニング前後
ケア整体

重要度
★★★

かかとで太ももの内側をほぐす

ヒザの痛み改善・予防
片足２分

大腿四頭筋の内側をほぐし ヒザの痛み改善&予防

太もも前側に疲労がたまっていると、体重をしっかり支えることができなくなり、そのうちヒザ関節に負担がかかっていきます。ヒザが痛くなる初期段階では、ヒザ関節の問題ではなく、筋肉疲労の可能性があります。大腿四頭筋《だいたいしとうきん》の内側(内側広筋《ないそくこうきん》)の疲労を自分で改善してみましょう。今は痛みがなくても、押してみると痛みがある場合は、ヒザ痛予備軍です。ランニング後に習慣づけておくと、ヒザ痛予防になります。

STEP 1 フラットな場所で片足を伸ばす

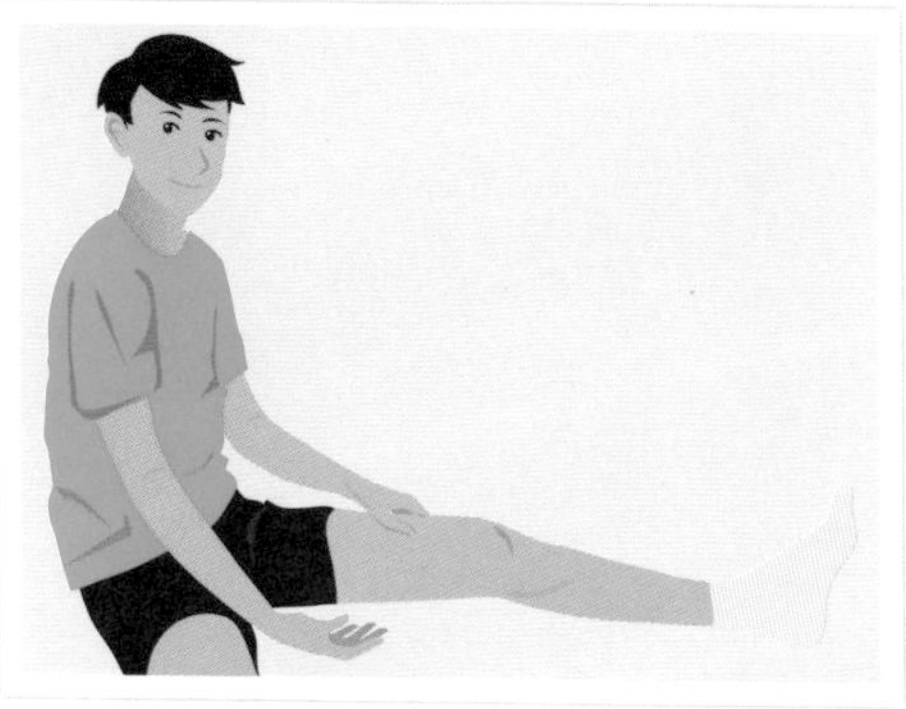

フラットな場所を探し、後ろ手に施術する側の足を伸ばします。

STEP 2 足の力を抜き施術ポイント探る

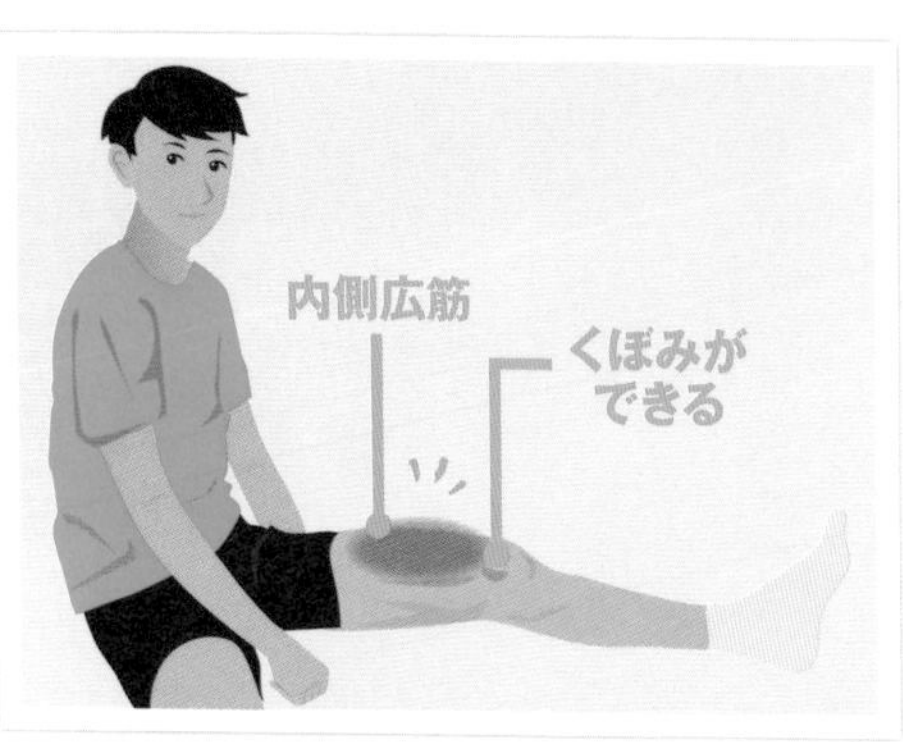

足の力を抜き、大腿四頭筋の内側（内側広筋）の位置を確認します。

使用する部位など

内もも、
かかとなど

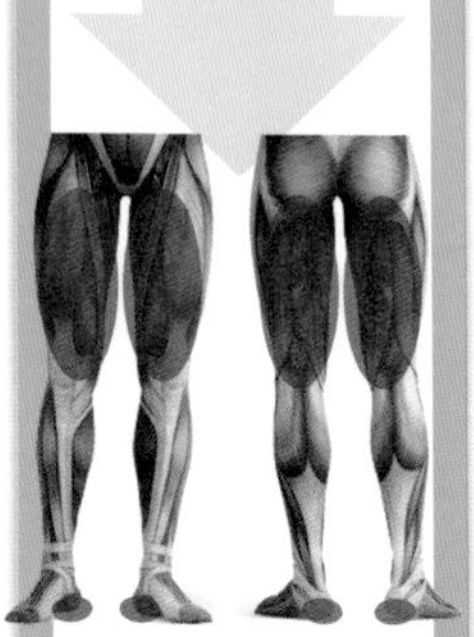

Point 次の3つのポイントを確認しながら行ってみてください。

・大腿四頭筋の内側（内側広筋）がどこにあるのか理解しながら施術する
・グッと押し付ける際、筋肉が逃げてしまわないようしっかり確認する
・ゆっくり押し込んで、5秒間静止し、ゆっくり離す。
約1cm ずらし、同様に押圧を繰り返す。

STEP 3 くぼみから股下まで順にほぐす

少しお尻を上げ、かかとが垂直に入るよう意識し、そのまま約5秒間押圧します。

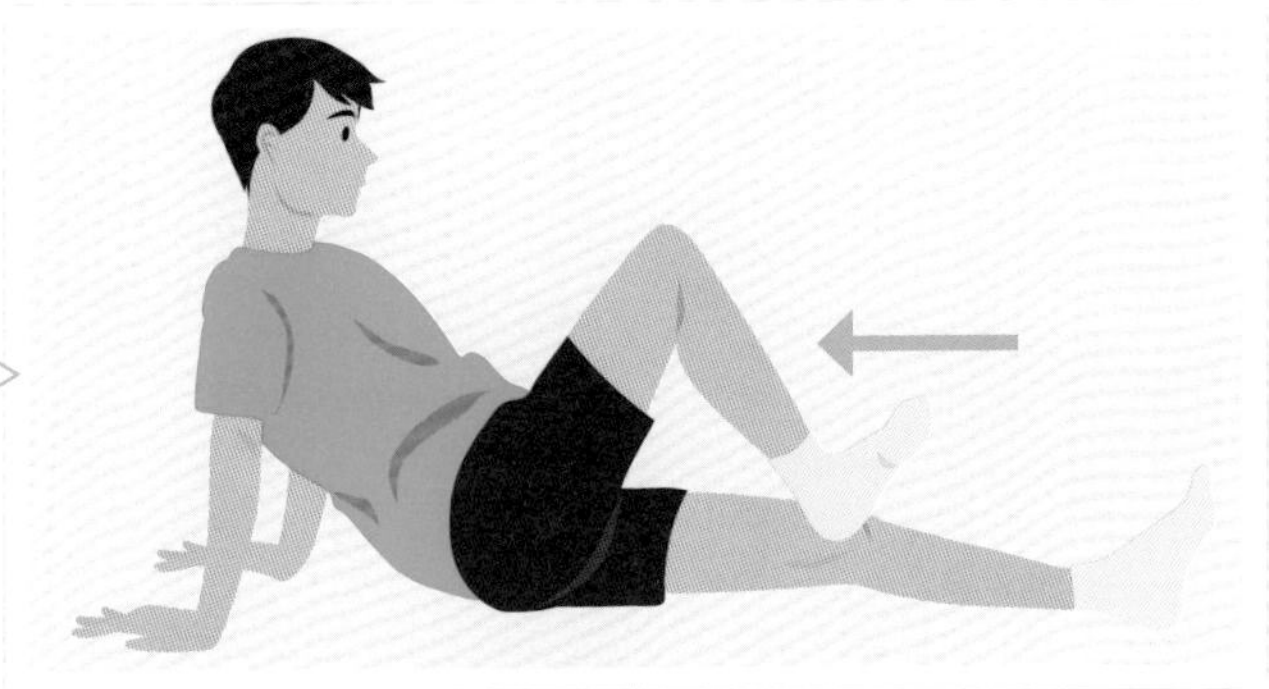

内もものヒザ上にあるくぼみにかかとを当て、内側広筋に沿って股下までほぐします。身体の硬いひとは可能な範囲で大丈夫です。

STEP 4 もう片方の内ももをほぐす

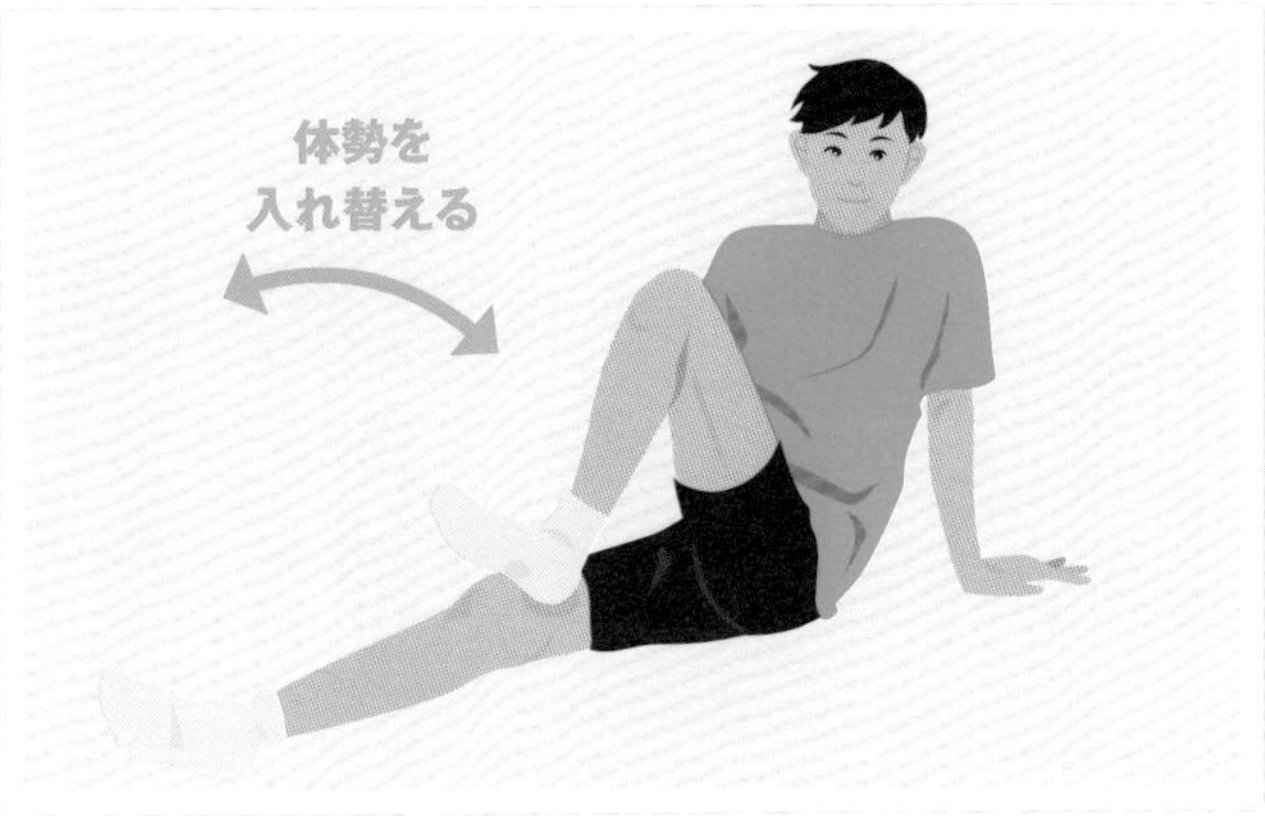

片方が終わったら、体勢を入れ替え、もう片方の内ももをほぐしていきます。

ランニング前後

ケア整体

重要度

★★★

ヒザでふくらはぎを圧してほぐす

ふくらはぎに
張りを感じた場合

片足３分

使用する部位など

ふくらはぎ、
ヒザなど

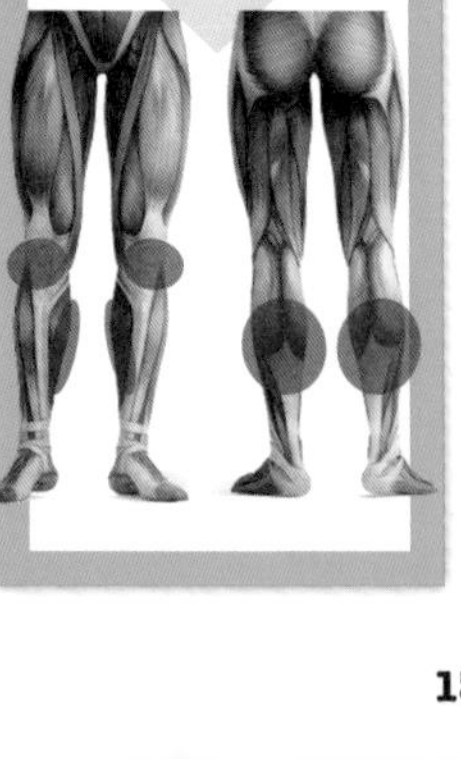

張ったふくらはぎをヒザでほぐす

ランニングは、ふくらはぎに大きな負担がかかります。筋肉疲労をためると硬く張った状態になり、一番つりやすい部位です。故障の原因になりますので、早めにケアしましょう。最初はゆっくりと、力を抜いて始めましょう。痛みのない人でも、感じていないだけで、硬くなっている人が多いです。日頃から疲労をためないよう、ケア整体を習慣化してください。

STEP 1 四つんばいになる

体勢が安定するよう、フラットな場所を探し四つんばいになります。床につく手は肩幅より少し広めにとりましょう。

STEP 2 片方のヒザをもう片方の足のふくらはぎにあてる

バランスを崩さないよう体勢を意識しながら、ほぐしたいふくらはぎに、もう片方の足のヒザをゆっくり下ろしていきます。

Point 次の3つのポイントを確認しながら行ってみてください。

- ふくらはぎの筋肉（腓腹筋《ひふくきん》・ヒラメ筋）を理解しながら施術する
- ヒザ頭で乗る際、腓腹筋が逃げてしまわないようしっかり確認する
- ゆっくり押し込んで、5秒間静止し、ゆっくり離す。約1cm ずらし、同様に押圧を繰り返す

STEP 3 そのままヒザ下を下ろしていく

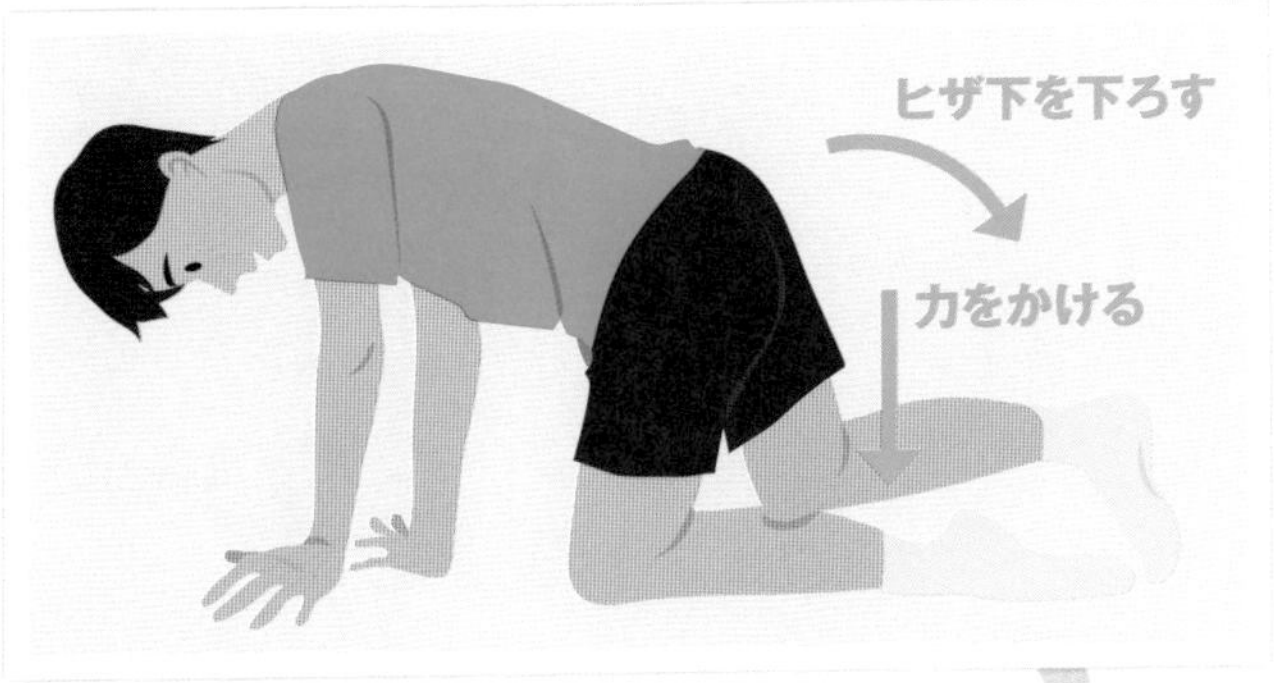

ふくらはぎのほぐしたい箇所にヒザ頭をあてたら、そのまま足先を下ろしていきます。同時にゆっくりとヒザに力を加えましょう。急に大きな力を加えないよう注意が必要です。

ふくらはぎの筋肉

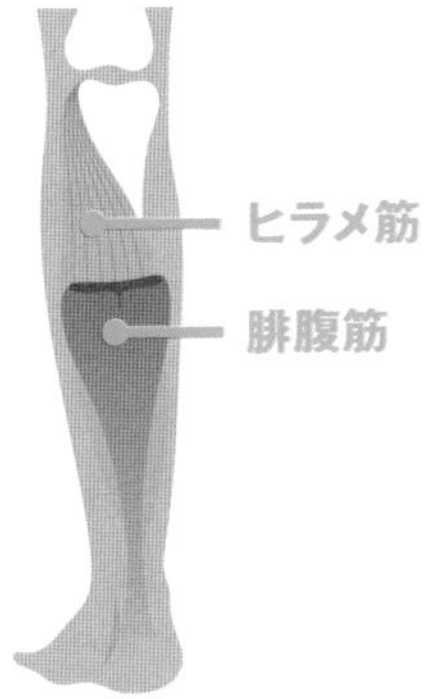

ふくらはぎは主に、ヒラメ筋というペタっとした大きな筋肉の上に、腓腹筋というコロンとした筋肉が二つ、乗ったようになっています。

STEP 4 ヒザをあてる位置を変える

ふくらはぎの一カ所がほぐれたら、ヒザをあてる位置を変え、まんべんなくほぐしていきます。

故障してからのランニング再開時のコツ

故障して走れない日が続くと、「早く走りたい！」。そればかり考えてしまうものです。しかし焦りは禁物。故障を長引かせないためにも、再開時のコツをつかんでおきましょう。

はやる気持ちを抑え歩きを多く盛り込む

故障後のランニングの再開。ここは一番気をつけなければならないタイミングです。なかには故障前のように、いきなり長距離を走ってしまい、再発してしまうひとも少なくありません。

筋肉系の故障の場合は、完治したとしても、走る前後だけでなくストレッチを日常化すること。また、療養によって筋肉が減っていたり、心肺機能も低下しているはずです。歩きを多く盛り込むＷＡＬＫ＆ＲＵＮで徐々に身体を慣らしていくのが再開時のコツとなります。

肉離れをおこしたふくらはぎ違和感の張りを取るには

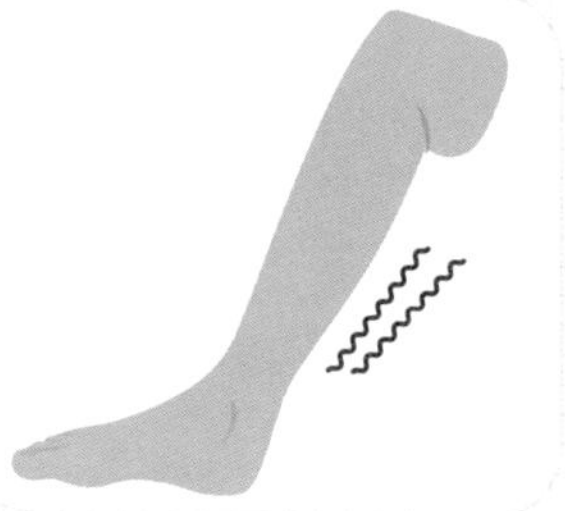

肉離れ後の張りを取るには、力加減が難しいマッサージ機器は使用せず、プロによるマッサージや自力整体（P130・132）でとにかくほぐしましょう。また、なぜ肉離れを起こしたか、繰り返さないためにも、故障した大元を理解し、改善してからランニングを再開しましょう。

療養中の足底腱膜炎練習を再開するさいの注意点は

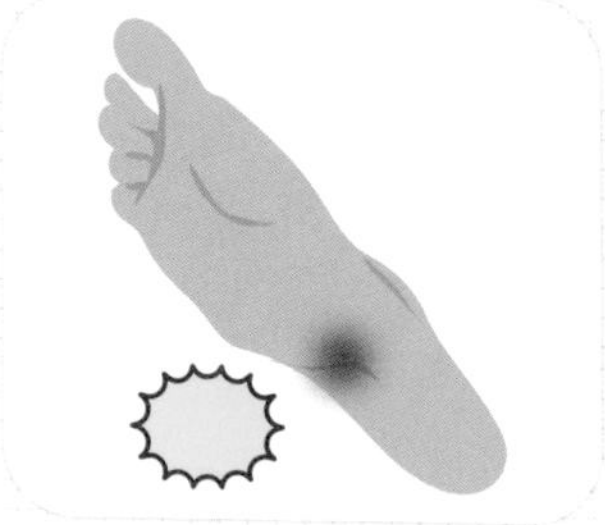

足底腱膜炎は痛みが残ったまま無理して動かすと、再発や慢性化する恐れがあります。まずは「足裏のストレッチをする」「すぐ走らず歩きからじっくり時間をかける」を念頭に再開してください。また、再開して痛みを感じることがあれば、すぐに中止しましょう。

WALK & RUN でリハビリラン

私自身も体験した 15km の WALK & RUN を紹介します。最初の 2km は歩き、次の 1km は走ります。この WALK と RUN を交互に繰り返します。身体が慣れてくる 5km 地点で、今度は RUN を 2km、WALK を 1km と距離を切り替え、最後は WALK2km でフィニッシュします。スタート前とゴール後にはストレッチをしましょう。

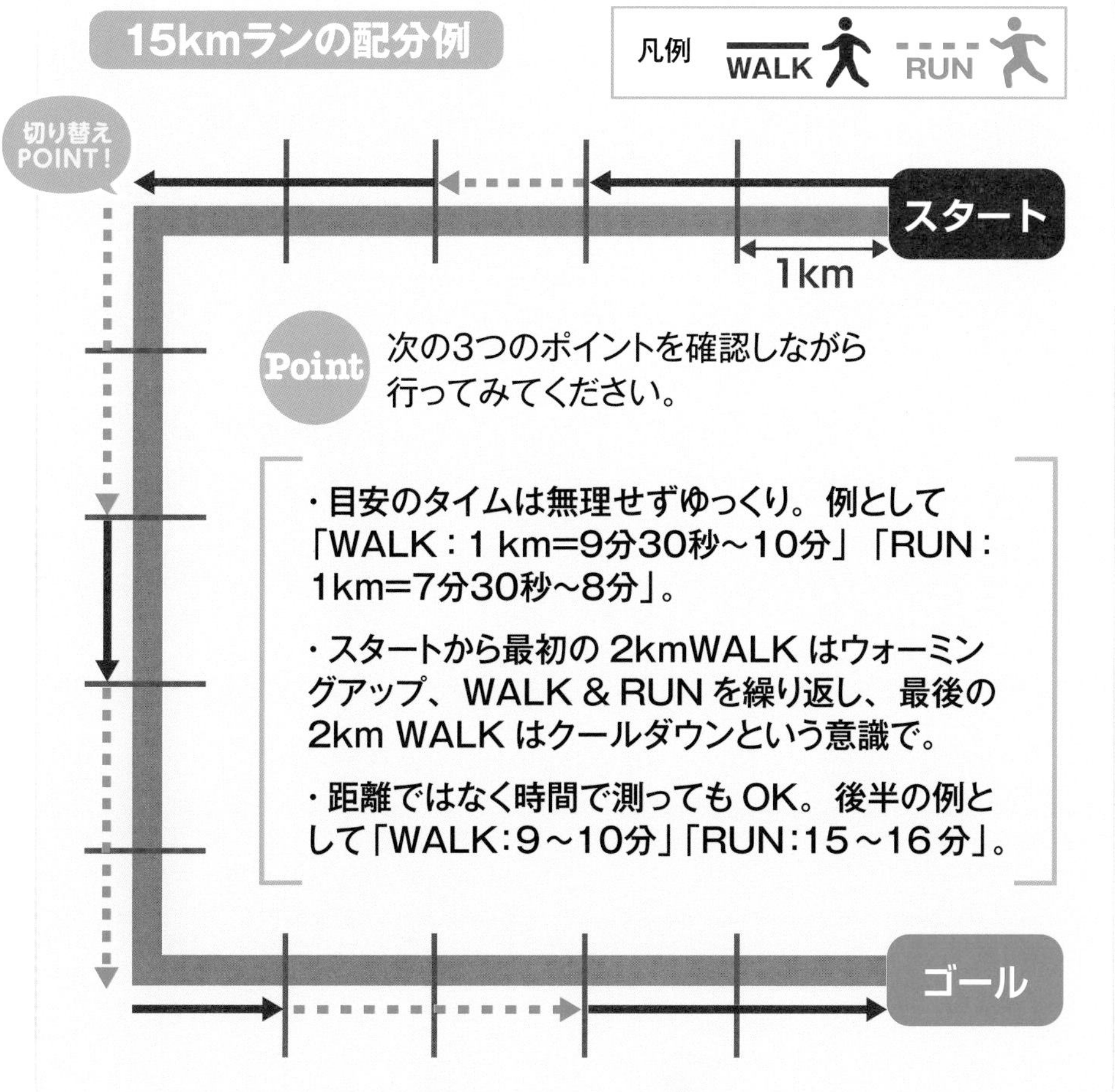
15kmランの配分例
凡例
WALK
RUN
切り替え POINT！
スタート
1km
ゴール

Point 次の3つのポイントを確認しながら行ってみてください。

・目安のタイムは無理せずゆっくり。例として「WALK：1 km=9分30秒～10分」「RUN：1km=7分30秒～8分」。

・スタートから最初の 2kmWALK はウォーミングアップ、WALK & RUN を繰り返し、最後の 2km WALK はクールダウンという意識で。

・距離ではなく時間で測っても OK。後半の例として「WALK：9～10分」「RUN：15～16 分」。

できるだけ高低差のないコースを選び 自分のペースで無理なく走ってみる

Profile 鮎川良 *Ryo Ayukawa*

整体師ランナー。奈良市にて「RYO 整体院」を2006年に開院。ブログ「整体師に学ぶ～中高年のランニングによる筋肉痛改善と、楽に長く走る方法（エンジョイラン.com　http://enjoy-run.com/）」を運営。390万以上アクセスの人気に。整体師として多くのランナーの故障を診てきた経験から、ランナーのための身体ケア方法や、筋肉や関節に負担をかけない健康ランニング方法を多数紹介。地元奈良では、ウォーキング講習会やランニングイベントなども開催。

●RYO整体院　http://hiroukaifuku.com

Staff

カバーデザイン　舛沢正子
本文デザイン　STYLE-G、片岡圭子
カバーイラスト　岡田丈
本文イラスト　宮重千穂、片岡圭子
撮影　佐藤兼永
校正　聚珍社
モデル　福原舞弓　原将己　堀井美穂
衣装協力　株式会社ドーム
編集・取材　アーク・コミュニケーションズ（三宅隆史、HAJIME）
企画編集　古川英二　小中知美

増補改訂版
がんばらないで
楽に長く走る

2024年4月2日　第1刷発行

著者　鮎川良
発行人　土屋徹
編集人　滝口勝弘

発行所　株式会社Gakken
〒141-8416 東京都品川区西五反田2-11-8
印刷所　大日本印刷株式会社

○この本に関する各種お問い合わせ先
本の内容については、下記サイトのお問い合わせフォームよりお願いします。
https://www.corp-gakken.co.jp/contact/
在庫については　TEL:03-6431-1250（販売部）
不良品（落丁、乱丁）については　TEL:0570-000577
学研業務センター　〒354-0045　埼玉県入間郡三芳町上富279-1
上記以外のお問い合わせは　TEL:0570-056-710(学研グループ総合案内)

※本書は2013年弊社刊の「痛み・故障ゼロ！　がんばらないで楽に長く走る」を増補改訂したものです。